Rich致富 340

投資第四產業
最有成長力股票

5G、AI、物聯網，了解未來趨勢，
抓住全新致富機會！

趙容僑（조용준）◎著
金學民◎譯

 高寶書版集團

推薦序
讓我們的大腦和世界的趨勢同步升級

　　2003 年有一本英文童書問世，書名叫《馴龍高手》（How to Train Your Dragon），作者為英國的一位童書作家克瑞希達・科威爾（Cressida Cowell）。後來，夢工廠（DreamWorks）將其內容改編製作成 3D 電影《馴龍高手》，並在 2010 年問世，創下票房逼近 5 億美元；續集《馴龍高手 2》於 2014 年推出後同樣大受歡迎，也因此在 2019 年再推出《馴龍高手 3》，這三部電影截至 2019 年底為止合計在全球累積票房超過了 16 億美元（近 500 億元新台幣），這是原書作者萬萬沒想到的發展！如果早知道這本童書所改編的動畫電影可以如此大賣，當初若要求相關電影營收的 1% 作為授權金，源源而來數億元的收入足夠全家人生活開銷到跨入下一個世紀（2100 年）也沒問題！

　　這種「萬萬沒想到」的故事，真實的在世界各地不斷上演著。回溯 1994 年，線上書店 Amazon.com 在美國開始營運（就是後來眾所皆知的「亞馬遜」），到了 2018 年 9 月 5 日，該公司的總市值超過了 1 兆美元，僅次於蘋果，是目前全世界第二家市值破兆的公司，而該公司創辦人傑夫・貝佐斯也在該年度擠下比爾・蓋茲以及股神華倫・巴菲特，成為全球首富。

　　2017 年，巴菲特在波克夏海瑟威年度股東大會上，承認自己

錯過了投資亞馬遜和 Google 的機會，並表示感到惋惜，他承認自己低估了貝佐斯的事業發展，未及早將亞馬遜納入投資組合中，儘管他個人一向很欣賞貝佐斯。而後時序進入 2019 年，波克夏海瑟威才開始大規模收購了亞馬遜的股票。

巴菲特表示：「因為我難以預測誰會是最終贏家，所以我一直都沒有將科技股列入投資選項」。然而，環視當今科技領域的贏家們已經明顯勝出，越來越多公司已經建立了堅不可摧的「經濟護城河」，並且產生穩定的現金流，符合了巴菲特的投資原則。這類公司也是本書中所談論的「第四次工業革命中的第一名股票」。

或許不少投資人認為自己已經錯失了那些科技巨頭公司的最佳投資機會，現在探究為時已晚，但我認為，這些科技大廠們投入鉅額在研發人工智慧，以及 5G 所帶來的萬物皆聯網（Internet of Things，IoT）科技創新應用，例如無人車與無人商店等等，正不斷地在改變甚至主導人們未來的生活方式。因此，異位思考，透過研究與了解這些科技巨頭公司，卻是「如何訓練你的大腦」（How to Train Your Brain）成為具有投資未來趨勢主流的機會。或許我們錯失了過去，但眼見的未來關鍵性時機是可掌握的。這個世界的科技不斷以跳躍方式在前進，我們是該讓我們自己的投資思維，與世界的趨勢同步升級了！

願善良、紀律、智慧與你我同在！

暢銷書《一個投機者的告白實戰書》、《高手的養成》、

《散戶的 50 道難題》作者　安納金

推薦序

提前洞察未來產業趨勢，抓住獲利機會

　　每一波的科技創新，都會使人類生產力大幅提高，蒸汽機的問世催生第一次工業革命，電力的全面普及驅動第二次工業革命，電腦及網路的出現帶來第三次工業革命。

　　現在隨著科技持續進步，第四次工業革命也已經來臨，5G、自駕車、人工智慧、物聯網、雲端運算等技術即將改變我們未來的生活。

　　巴菲特是世界上最有名的價值投資人，喜歡投資簡單易懂的企業，而科技變化太快，並不容易理解，很難看出未來誰是贏家，所以巴菲特從來不投資科技股，即使 2000 年網路泡沫時，巴菲特也從來沒有動搖。

　　可是，巴菲特職掌的波克夏，卻從 2016 年開始買進蘋果，2019 年開始買進亞馬遜，如今蘋果更是波克夏的最大持股。

　　現在許多科技股都擁有強大的競爭優勢，例如蘋果推出的 iPhone 早就走入日常生活，而內建的 App Store、Apple Music、Apple Pay 等服務讓大家離不開手機，蘋果也藉此賺取大筆收入。

　　臉書用戶超過 20 億人，當大家上傳照片打卡時，臉書也透過人工智慧分析用戶興趣喜好，投放最精準廣告，並從中賺取廣告收入。

　　Google 是全球最大搜尋引擎，市占率超過 80%，由於搜尋引擎是越多人使用，提供的資訊就越精準，所以搜尋引擎會大者恆大，未來持續主宰的機率很高。

　　亞馬遜是全球最大電子商務網站，累積無數客戶交易資料，透過大數據分析就能提前知道客戶購物愛好，精準提供優惠，讓用戶下單買更多產品。

　　這些企業累積大量數據、技術及用戶，所以進入門檻相當高，如果競爭者沒有這些用戶數據，將很難與之競爭。

　　所以，本書作者認為這些企業所帶來的第四次工業革命才正要展開，長期上漲週期遠未結束，我們應該密切關注未來將會獨占這波獲利機會的企業。

　　這本書詳細介紹亞馬遜、Google、臉書、Netflix、蘋果、微軟等 12 家企業，告訴大家這些企業如何引領第四次工業革命，並深入分析競爭優勢及企業前景，只要透過本書就能提前洞察未來產業趨勢。

　　我相信這些企業未來一定會持續改變我們的生活，更美好的日子還在前方，不過也正因為這些企業所向披靡，過去股價表現非常亮眼，普遍估值也非常高，所以記得耐心分批買進，才可以抱得更安心，抓住獲利機會！

美股夢想家版主　施雅棠

推薦序
價差 vs 趨勢

　　受邀寫這本書的推薦序時，有幾個議題引起了我的關注，因為不管是不是投資者，這都是一個重大的影響和改變。

　　這重中之重的就是本書作者所謂的第四產業。我很喜歡林奇芬小姐著作的《窮人追價差，富人追趨勢》。而產業革命，就是造成趨勢變動的重要推手，能跟隨這個趨勢變動的投資者，通常也都是獲利頗豐的成功投資者。

　　但這個挑戰是，你對這個變動跟背景要有充分深入的認知，這是所謂的慧眼，這個關鍵是在於深入的認知，不夠深入，你很難在股價必然的波動中能夠有一段長時間的堅持。

　　巴菲特所說的投資的兩門課，在這裡依然適用，第一是投資標的的估值判讀，第二是正確看待股價的走勢。迷人和困惑人的是，這類產業革命的先驅公司者，你很難找到物美價廉的時刻，什麼價格是合理的價格，這牽涉到各家投資學派的爭論，這重要，但不是今天我們討論的主要議題。

　　第二個讓我對這本書引起關切的是，第四產業各領域的第一名，已形成該領域的產業霸主時，還有機會投資嗎？會不會太遲了？

　　我看了作者所提出第一輪首選的 12 家公司，發現竟然有 7 家公司，是在我管理的投資組合之內，其中蘋果公司是我在 2007 年就持有至今的主力之一，已經有 12 年之久，這還能有投資的機會嗎？

　　蘋果公司進入我的投資組合時，其實我已錯過了蘋果音樂的 iPad 輝煌時期，但是我完完整整的參與蘋果 iPhone 對整個世界的影響，和股價的驚人表現。

　　我在 2016 年，巴菲特開始購買蘋果公司時，接受了紐約時報的訪問，標題是〈巴菲特的布局說明蘋果已成熟〉（Warren Buffett Stake Suggests Apple Is All Grown Up），報導中我認為蘋果公司可能已經過了最驚人高速成長的時段，但它的研發費用持續的拉高投入，我認為它的巔峰時期還未到來，當時我接受訪問時的股價是在 95 美元，截至今天是 318 美元。

　　那麼蘋果公司還可能有繼續上漲，引領風騷的空間嗎？我認為是的，書中未必全然把我注意到的發現列入，但我認為資料的整理已經有了一個很好的開端，可以引領讀者繼續探索。

　　是讀者也是作者的我，會很篤定的提出這樣的看法，只要本書中有一家公司，是你以往所沒有注意到，而引起了你繼續探索的動力，而其中資料的提供，是未來投資公司決定與否的參考，這都是極寶貴的資料，相較於一本書錢，我認為都是物超所值。

　　這些已經登上第一名的公司，固然有他的實力，但我也想大膽的預測，其中未必每一家都能夠繼續保有盟主，而有些公司的股

價也未必那麼的美麗和有吸引力，但是作者提到，第四產業的三大核心要素，大數據，人工智慧，雲端。擁有這些未來競爭護城河的公司，在未來如果市場因驚慌，而有合理價位出現時，可以適時的納入你的投資組合。

　　而本書作者在文末附錄，30 個非關注不可的第四產業潛力股的公司名單，有興趣的讀者或許也可以在這裡找到一些金光閃閃的礦脈，但不管如何，你必開始閱讀作者為你爬梳的資料，不是閱讀而已，而是深入的探討，而機會的來臨永遠是給準備好的人！

　　　　　《為什麼你的退休金只有別人的一半？》作者　關又上

推薦序
引領我們走向全新的海外投資之路，如同寶石一般的書

　　誠心恭喜韓亞金融投資研究中心主任趙容僑撰寫的《投資第四產業最有成長力股票》出版。本書是他經年累月的經驗與研究結果的結晶。相信這本書會使想獲得最新的投資知識以及洞察力的讀者獲益良多。

　　我們目前正處於一個名為「第四次工業革命」的重大轉捩點。不僅是網際網路、行動裝置等 IT 領域，傳統製造業、服務業等其他產業也都進入了數位化、網路化、智慧化階段，無論是產品與服務都在突飛猛進地創新與發展。第四次工業革命正在各個層面改變我們的生活，全球經濟版圖想必也會大幅變動，而這些變化將為投資人帶來關鍵性的機會。當今的各大頂尖企業都是第一、第二、第三次工業革命時期的贏家，那些企業在過去累積了無可匹敵的競爭力，締造了輝煌的企業發展成績，並將那份勝利延續到了今天。

　　我相信第四次工業革命也會是這樣的發展模式，目前引領第四產業的各大龍頭企業將會持續席捲市場、擴大企業規模、達到高度成長。此外，由於第四產業的基礎技術與大數據並不是努力就能輕鬆入手或模仿的東西，因此與過去相比，這些龍頭企業的優勢將變得更加明顯。

　　希望投資人可以把握住這個機會，要是能在技術和市場剛形成時就參與投資，將會得到更大的收益。我相信，如果能把眼光放遠一點，現在就開始投資第四產業中的第一名企業的話，投資人將能夠分到高速成長下結出的碩果。

　　現在，金融投資業界不再局限於投資國內股票，而是邁入了「投資海外股票」的時代，希望各位在投資時能一邊想著要將最璀璨的財產留給子女，一邊有效率地投資主導第四次工業革命的各大企業。趙容僑專務的《投資第四產業最有成長力股票》會提供讀者關於這類投資的知識。這本書不僅有助於讀者了解第四次工業革命的本質、相關技術的發展趨勢、商業上的變化等宏觀走勢，還會具體分析哪些企業正處於領先地位，以及未來將形成哪種競爭版圖等各種能夠實際運用在投資上的資訊。

　　我真心希望讀者能夠透過本書得到可靠的投資指南，避免被錯誤的資訊誤導；也希望各位能夠藉著這個機會，培養出能看透市場變化的眼力和能分辨真偽的洞察力，進而抓住就在眼前的國內外新的投資機會。

韓亞金融投資執行長　李振國

序
新的十年，投資模式將發生巨大的改變

　　2018 年 8 月 2 日，全球股市發生了一個等同於宣告人類進入了另一個工業革命的歷史事件，那就是總市值達 1 兆美元的企業誕生了，這個事件的主角正是蘋果（Apple Inc.）。一個月後，也就是同年 9 月 5 日，亞馬遜（Amazon）的總市值也超過了 1 兆美元。美國這兩家第四次工業革命的龍頭企業規模都超過了 1 兆美元，凌駕於大部分國家的經濟規模之上，而目前微軟也緊跟其後。

　　總市值超過 1 兆美元和預計未來會超過 1 兆美元的企業，全都是第四次工業革命的領頭羊，這意味著市場認同這些企業透過創新技術所打造出來的附加價值。

巴菲特的變心

　　有一件很值得關注的事情，那就是連像巴菲特這種以非常嚴格的標準選擇企業，並進行價值投資的謹慎型投資人，也都毫不猶豫地開始投資第四次工業革命的龍頭企業了。巴菲特過去曾多次表示自己不會投資所謂的科技股，就連 1990 年代末掀起網際網路熱潮時他也沒有動搖過，當時的他表示「我實在是無法理解為什麼科技股的價格會高得如此離譜」。有趣的是，巴菲特明明多次透過發

言與投資，明確地表達了自己不會投資科技股的決心，他卻開始大量買下了蘋果的股票。換句話說，巴菲特開始變心了。而在那之後，巴菲特有了更大的轉變。

2017 年，巴菲特在波克夏海瑟威年度股東大會承認自己錯過了投資 Google 和亞馬遜的機會，並表示感到惋惜。他也承認沒有投資亞馬遜，是因為他低估了亞馬遜的執行長貝佐斯而做出的錯誤判斷。巴菲特同時分析市場現況，指出「平台企業正在建立高度的壟斷性」。接著在 2019 年，巴菲特大規模收購了亞馬遜的股票。

巴菲特在說明自己為什麼過去對投資像 Google 這樣的科技股採消極態度時，表示「因為我難以預測誰會是最終贏家，所以我一直都沒有將科技股列入投資選項」。反過來說，贏家已浮出水面了，第四產業的市場已經進入巴菲特能夠判斷出一家企業是否具備他的「經濟護城河」投資原則的階段了，而巴菲特投資的蘋果，以及後悔沒能投資的 Google、亞馬遜、阿里巴巴等正是這種企業，也是本書要談論的「第四次工業革命中最有成長力的股票」。

巴菲特的轉變意味著 IT 產業的生態圈發生了變化，也意味著「誰才是第一名？」變得越來越明確了。巴菲特偏好投資具備「經濟護城河」的企業，所謂的「護城河」是一種在城的周圍挖掘深池，防止敵人入侵的裝置；若用在企業上，則意味著該企業具備了壟斷性的競爭力。舉例來說，可口可樂早已累積了無人能及的客戶忠誠度，就算有競爭者下戰帖，也仍然能屹立不搖，守住第一名的地位，因此沒有理由猶豫是否應該長期投資。

第四次工業革命與全新致富機會

　　讓我們來回想一下前面的工業革命。美國工業的主軸始於鐵路，而在 1900 年代所公布的道瓊指數之中，有 9 家是鐵路公司，就算說當時的指數是鐵路股的平均股價也不為過。當時與鐵路一同主導工業革命的鋼鐵產業也相當地耀眼，而卡內基正是憑著「貝塞麥轉爐煉鋼法」的技術成為了鋼鐵大王。

　　掌握了石油這項主導工業革命的能源的洛克菲勒，也建立了美國石油市場的第一名產業。電力，是實質上引領了第二次工業革命的東西，愛迪生的燈泡無庸置疑是個劃時代的發明，他還建立了火力發電廠，將電力的大量生產化為可能。之後，摩根被這耀眼的創新吸引，投資了愛迪生的事業，並買下專利權，正式投入了電力產業，「愛迪生電燈公司」就此誕生。這家公司之後與湯姆森休士頓電器合併，發展成了美國的代表性企業：通用電氣（General Electric Company，簡稱 GE）。

　　電話的發明人貝爾所創立的貝爾電話公司後來則發展成了美國電話電報公司（American Telephone & Telegraph，簡稱 AT&T）。汽車的普及最清楚地展現出了工業革命的技術創新，並改變了整個企業版圖。亨利・福特的大規模生產，使汽車開始普及大眾，汽車產業引領了鋼鐵、機械、玻璃、橡膠、電力、石油、建設等相關產業，建立了龐大的產業生態圈。

　　由此可見，對全世界具有重大影響力的美國大企業中，有相

當多企業誕生於工業革命時期。它們不僅引領了新技術與市場，還實現了人們過去從未想像過的高度成長；它們甚至結合了自己需要的金融資本，進一步發展成更龐大的企業。正如我們可以從美國各大企業的發展史中所看見的，工業革命創造出了前所未有的強大企業，以及由這些企業主導的全新市場生態圈。從工業革命受益的人並非只有卡內基、洛克菲勒、愛迪生、亨利·福特等企業家，在以摩根為代表的投資人當中，也有不少人獲得了更多的財富。

第四次工業革命一樣包含了新技術、新企業、新市場、新產業和新致富機會，能夠抓住這個機會的人將擁有無限的可能性。現在，引領第四次工業革命的大企業們已經發展到了足以匹敵一國的經濟規模，這樣的現象可以說是即將到來的股市長週期的前奏曲。雖然我們未能親眼見證 1900 年代工業革命之後，各大企業所產生的變化，但在不久後的未來，股市將會以第四次工業革命為媒介，產生百年來的變化，並且進入上漲週期。

已經來到眼前的第四次工業革命

那麼，第四次工業革命現在進行到哪個階段了呢？實際上，5G 時代才正要開始。如果正式進入 5G 時代，無數個裝置之間的網路將變得能夠相互連結。目前 LTE 使用的頻段是 700MHz ～ 2.6GHz。但如果是 5G，就能再使用屬於毫米波（mmWavev）頻段的 24 ～ 40GHz。使用數百 MHz 以上的寬頻，不僅能提升速度，

還能實現裝置之間超連結的大規模物聯網（Massive IoT）。5G 將會把目前為止網路上人與物體之間的對話轉換成物體與物體之間的對話，達成以無線驅動所有物體、如同魔法般的通訊。我們現在正在踏入物聯網的時代，而我相信 5G 將會成為促使穿戴式技術、自駕車等先進物聯網服務擴散的關鍵契機。

其實，我們很難視 5G SA 以上的網路為手機專用網路。因為 5G SA 網路不僅實現了將所有物體連結到網路的超連結，還運用了以劃時代的響應速度為傲的超低延遲（ultra-low latency）技術。簡單來說，5G SA 網路是與人工智慧（AI）、大數據相連的網路，也是最適合拿來發展物聯網的網路，能夠被應用於自駕車、智慧工廠、智慧城市，如果只用來支援手機實在是太可惜了。

另一個朝著我們而來的，是自動駕駛。雖然目前只限美國亞利桑那州鳳凰城郊外的四個地區，但 Google 的 Waymo 已經從 2018 年底開始提供商用的自駕計程車服務，並自主開發核心零件「光達」（Lidar），降低了製造成本。Google 最近更透露，其計劃進一步在物流、安全、移動機器人等非自動駕駛領域供應光達。市場預估 Waymo 未來的營收將快速增長。瑞銀（UBS）預測 Waymo 2030 年的營收將達到 1,140 億美元。摩根史坦利則預測 Waymo 未來的企業價值有望達到 500 億至 1,750 億美元。

第四次工業革命已經來到了我們的眼前。因此，我和敝公司研究中心的研究人員基於對引領全球第四次工業革命的第一名企業所做的長期分析，以及我們實際探訪企業所得到的資訊和投資經

驗，出版了此書。為了讓一般讀者也能輕易理解，本書提供了詳細的說明和圖表。

　　本書由兩部分組成。第一部分是幫助讀者了解第四次工業革命，我們將從投資人的觀點出發，認識第四次工業革命擁有的無窮機會與潛力。除了說明第四產業重要技術的發展現況、產業與企業動向之外，第一部分也將分析以美國和中國為中心的生態圈。

　　第二部分介紹引領第四次工業革命的第一名企業。在這些企業當中，走在最前線的是被稱為 FANG 的美國創新 IT 企業，亞馬遜、Alphabet（Google 的母公司）、Facebook、Netflix；緊跟在 FANG 之後的是史上第一家總市值超過 1 兆美元的企業，蘋果；再來，微軟、輝達（NVIDIA）、Salesforce.com 也都抓住了第四次工業革命帶來的機會；而被稱為 BAT 的中國先進技術企業阿里巴巴、騰訊、百度目前也在龐大的市場和政府的全面補助下急起直追；最後還有軟銀這間值得注目的公司，軟銀雖然不是科技公司，但其正透過投資以控股公司的身份投身於第四次工業革命。如果想抓住第四次工業革命的投資機會，就應該密切關注第四次工業革命的龍頭企業。

　　已經有不少人贊同敝公司建議長期投資第四產業第一名股票的投資理念，同時也投資了敝公司的相關投資商品。我希望本書能在這些投資人進行長期投資時給予幫助，也希望對韓亞金融投資公司與 KEB 韓亞銀行的 PB 及員工在學習全球股票時有所幫助。最後，我也希望本書能成為一個使更多人深入了解第四產業第一名股票的

契機。雖然本人經驗尚淺、知識淺薄，但還是抱著以上的期許，鼓起勇氣出了這本書。

多虧了有眾人的幫助，我才能順利完成這本書。首先，我想向鼓勵並指導我推出第四產業第一名股票投資商品、我目前任職的韓亞金融投資的李振國執行長深表尊敬與感謝。我還要感謝每天都為了幫客戶增值資產，而在營業現場奔波的韓亞金融的 PB 與職員們。實務上，我也非常感謝研究中心的共同作者們，說這本書是與這些作者們一起撰寫的都不為過。我也非常感謝總是與我同在的金勝萬常務、李正基部長和各位研究人員。也感謝支援組的朴相元組長、白有貞課長和組員們。最後，我想向親愛的妻子、總是給我帶來力量的三個兒子，以及躺在病床上的母親傳達我的愛與感激。

韓亞金融投資研究中心主任　趙容儁

2019 年 6 月的某一天，首爾汝矣島

目錄
Contents

PART II 第四產業最有成長力股票分析

目錄
Contents

目錄
Contents

第一部分
另一扇投資世界的大門即將敞開

第一章

最佳選擇，第四產業第一名股票

01 巴菲特的變心意味著什麼？

被打破的原則

2016 年春天，奧馬哈的聖賢、投資奇才巴菲特的驚人之舉引發了全球證券界的熱議。根據媒體報導，2016 年 3 月底，巴菲特旗下的波克夏海瑟威竟持有 981 萬股、高達 10 億 7,000 萬美元的蘋果股票。由於這與巴菲特以往的投資原則背道而馳，業界人士紛紛做了各種分析及推測。

巴菲特過去曾多次表示自己不會投資所謂的科技股，就連 1990 年代末掀起網際網路熱潮時他也沒有動搖過。當時的他表示「我實在是無法理解為什麼科技股的價格會高得如此離譜」，並表示「不喜歡把錢賭在如童話故事般的幻影上」，與科技股劃清了界線。這可以說是明確表達了「與其在 IT 企業身上賭一把，巴菲特寧可集中投資已取得優異業績、投資風險低的企業」。巴菲特的這種投資傾向之後也都沒有太大的變化，他甚至在 2012 年的投資說

明會消極的評估「投資蘋果與 Google 太過危險」。

　　而波克夏海瑟威以可口可樂、嬌生、P&G 等內需消費品企業，以及富國銀行、美國運通等金融企業為中心組成的投資組合，也反映了巴菲特的這種投資傾向及原則。

　　有趣的是，巴菲特明明多次透過發言與投資，明確地表現了自己不會投資科技股的決心，但是他卻大量買下了蘋果的股票。換句話說，巴菲特開始變心了。而且在那之後，巴菲特有了更大的轉變。

　　2017 年 5 月 6 日，巴菲特在內布拉斯加州奧馬哈召開的波克夏海瑟威年度股東大會中，承認自己錯過了投資 Google 和亞馬遜的機會，並表示感到惋惜。此外，他也承認沒有投資亞馬遜，是他低估了亞馬遜的執行長貝佐斯而做出的錯誤判斷。巴菲特還分析了市場現況，指出「平台企業們正在建立高度的壟斷性」。

　　巴菲特在接受某家中國媒體的採訪時曾表示「我曾與阿里巴巴的創始人馬雲用過餐，並發現他是個非常了不起的企業家。但因為我還不能確切掌握他的事業內容，所以無法判斷要不要投資阿里巴巴，而那是個錯誤的決定」。

　　巴菲特甚至追加購買了蘋果的股票，到了 2018 年底，他以持有 2 億 5,800 萬股，成為了蘋果的第三大股東。而在這之後，蘋果也以超過 1 兆美元的總市值證明了其企業價值。儘管在大起大落的 2018 年美國股市，蘋果的股價也跟著漲跌交錯，巴菲特對蘋果的愛似乎絲毫沒有被動搖。

一個九十歲老將為什麼會有如此戲劇性的轉變？而他的轉變又帶給了全球各地的投資人哪些訊息呢？

變化來自第四次工業革命的生態圈

我很尊敬巴菲特，也很樂於效仿他的投資方式。我甚至在研究巴菲特的投資理念和方法後，寫了《給韓國散戶的巴菲特模仿指南》（한국의 개미들을 위한 워런 버핏 따라하기，暫譯）一書。巴菲特的投資策略是「購買並長期持有具競爭力的優良企業股票，最終實現獲利」，我認為這是一種無論在股市熱絡或冷清時都很適用的投資策略。

一直以來，我都在密切關注巴菲特，而根據我的觀察，與其說最近的巴菲特變了，不如說是作為投資對象的企業及生態圈發生了變化。換句話說，巴菲特的投資原則並沒有變，只是他的投資對象變成了 IT 企業。

巴菲特在 2017 年 5 月的股東大會說明了自己為什麼過去對投資 Google 這類的科技股採取消極的態度，他表示「因為我難以預測誰會是最終贏家，所以我一直都沒有將科技股列入投資對象」。反過來說，贏家已經浮出水面了，也就是第四產業市場已經進入了巴菲特能夠判斷出一家企業是否具備他的「經濟護城河」投資原則的階段了。而巴菲特投資的蘋果，以及後悔沒能投資的 Google、亞馬遜、阿里巴巴等正是這類企業，它們的股票也是本書要說的「第

四次工業革命的第一名股票」。

有人說，巴菲特會保留對科技股的投資，是因為他不甚了解或沒有充分關注技術。的確，巴菲特自己也發表過類似的言論，但這樣的推論其實只是沒有看出巴菲特的心思而已。巴菲特想避開的不是複雜的技術，而是不透明的市場競爭。早在網際網路泡沫化日益加重的 1990 年代末，巴菲特就表示過「自己不清楚在籌措如同天文數字般的鉅額資金的數千家網際網路（dotcom）企業中，有哪些企業會存活下來，而在這樣的情況下，他無法做出有如賭博般的投資」。結果大部分的網際網路企業果然都只是曇花一現，大大地證實了巴菲特做出了明智的選擇。

從這點來看，巴菲特的轉變意味著 IT 產業的生態圈發生了變化，也意味著「誰才是第一名？」這個問題的答案變得越來越明確了。巴菲特偏好投資具備「經濟護城河」的企業，所謂的「護城河」是一種在城的周圍挖掘深池，防止敵人入侵的裝置；若用在企業上，則意味著該企業具備了其他公司無法達到的壟斷性競爭力。舉例來說，像可口可樂這種早已累積了無人能及的客戶忠誠度的企業，就算有競爭者下戰帖，也仍然能屹立不搖，守住第一名的地位，因此沒有理由猶豫是否應該要長期投資。

在內需消費品領域，已經有具備護城河的企業在引領市場，例如巴菲特投資的可口可樂、嬌生、P&G、吉列、富國銀行、美國運通等就是這類企業。

被護城河圍繞的城堡

　　同樣地，我們可以說巴菲特所投資或曾經提及的「建立了高度壟斷性的平台企業」，也就是第四次工業革命的龍頭企業，在其市場也已經具備了護城河。所謂「巴菲特的變心」其實只是一個訊號，提醒我們 IT 產業也出現了被護城河圍繞的強大企業。

新的消費價值股

　　對於巴菲特大膽投資蘋果一事，許多專家分析「巴菲特視蘋果為價值股，而非成長股」。我也非常贊同這個意見，與其說蘋果這類的龍頭科技股會因為市場、技術、客戶趨勢等變數而在短期內漲跌，說是會長期穩定成長的價值股更合理。而巴菲特所做的選擇

就是最好的證明。

　　前面也說過，比起把不透明的未來描繪成充滿玫瑰色、本質模糊的技術企業，巴菲特更喜歡滲透至全世界消費者的日常生活、獨占了人們的愛的內需消費品企業，因為它們被穩固的護城河圍繞著，本質也非常明確。但滲透至消費者日常生活的，不再只有傳統消費品企業了。剛起步的第四產業第一名企業們也同樣走入了消費者的日常生活。蘋果的 iPhone、亞馬遜的商務服務等都是了不起的內需消費品。從這點來看，主張巴菲特並沒有將蘋果當作技術成長股，而是將其作為消費價值股投資的分析結果具有高度的說服力。不過，蘋果雖然是價值股，卻有著高度成長性。

　　巴菲特的變心象徵著市場發生了巨大的變化。讓我們一邊留意他的選擇所傳達的訊息，一邊關注第四次工業革命的發展和這個時期的龍頭企業吧。

02 第四次工業革命&投資全球第一名企業的股票

巨大潮流發生了變化

股票投資的本質是對企業價值進行投資。為此，投資人必需長期進行投資，而長期投資股票時，一定要觀察巨大潮流的變化。實際上，由於全球經濟的巨大潮流會對企業價值造成重大的影響，投資人必須仔細觀察。

舉例來說，2000 年代中期的巨大潮流是中國成為「世界工廠」的工業化，而從這股潮流受益的韓國造船、鋼鐵企業都締造了企業價值和股價暴漲的輝煌紀錄。我曾作為分析師分析了造船業十幾年，而在 2000 年代初中期，僅在短短的六年裡，造船業的利潤就增長了 10 倍以上，股價也上漲了超過 20 倍。這就是一個極具代表性的例子。

此外，近幾年中國的所得增加、內需消費市場成長，韓國化妝品業者的利潤和股價也隨之上升了數十倍。那麼，世界正在往何

處而去？未來十年的巨大潮流又將會是什麼？在投資的世界，了解
巨大潮流是件非常重要的事情，而為了迎接下一個巨大潮流，我們
也必須長期投資績優股。

　我認為，未來的投資世界將會以第四次工業革命企業為中心
運轉。現在，就連原本忌諱投資科技股的巴菲特，都視這些企業為
強勁的新消費價值股並大膽進行投資了，我們當然應該跟上這個趨
勢。也就是說，無論是投資股票還是經營事業，我們都應該要想到
第四次工業革命。

亞馬遜和沃爾瑪的網路銷售額變動

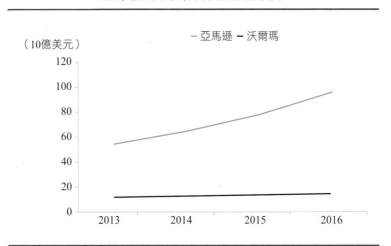

資料：Company filings、BI Intelligence estimates

　　讓我們再看一個對比鮮明的例子。在供應消費者產品的零售業領域，現有強者是沃爾瑪（Walmart），新強者則是亞馬遜。一直到 2000 年初，亞馬遜的企業價值都還不及沃爾瑪，但後來卻開始出現了逆轉，現在差距甚至大到了無法比較的程度。

　　透過不斷創新人工智慧、大數據等第四次工業革命的技術，亞馬遜在其進入的所有領域徹底擊敗了現有企業，並獲得了耀眼的成績。亞馬遜的例子清楚地告訴我們應該如何隨著巨大潮流擬定投資策略。

全球投資

　　第四次工業革命是以全球為單位在發生變化。網路世界無國界，行動裝置也一樣。也就是說，第四產業平台的對象早就已經擴散到了全世界。在投資時，我們當然要關注與第四產業有關的全球第一名股票。此外，還要在瞬息萬變的環境，考慮到長期匯率風險，將部分資產用於美元資產等海外投資會有所幫助。針對第四次工業革命，我推薦長期進行兩種海外投資。首先是可以長期投資主導第四次工業革命、以美國為中心的全球第四次工業革命第一名企業的股票，我建議分散投資為全球帶來改變的超優良第四產業，例如名為「FANG」（Facebook、Amazon、Netflix、Google）的股票或與其相關的美元投資商品。

　　再來，關注中國的第四次工業革命第一名企業的股票，例如

中國的 BAT（百度、阿里巴巴、騰訊）也會是個明智的選擇。中國是一個正在持續成長、充滿吸引力的投資對象。作為國際貨幣基金組織（IMF）之中特別提款權（Special Drawing Right，SDR）的第三大出資國，人民幣逐漸變成了主要儲備貨幣。此外，中國雖然因為與美國展開貿易戰導致短期表現不太穩定，但並沒有到會導致經濟陷入危機的程度，再加上股價暴跌，以上種種都帶來了能夠長期投資的機會。

　　而中國在第四次工業革命中的第一名企業，由於國家的補助與龐大人口構成的內需消費市場，目前正在不斷地發展技術、獲取大數據，並且快速成長。因此我建議投資人也可以積極考慮投資具有上述特性的中國第四次工業革命第一名股票。

FANG 的股價變動

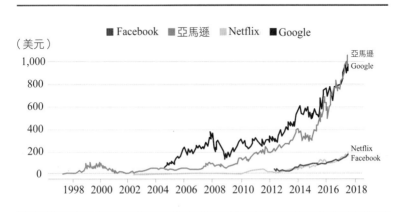

第四產業中主要企業的總市值變化

■蘋果 ■亞馬遜 ■Google ■微軟 ■Facebook ■騰訊 ■阿里巴巴

（億美元）

8,797 蘋果
7,237 Google
6,484 微軟
5,478 亞馬遜
5,174 Facebook
4,725 騰訊
4,598 阿里巴巴

* 備註：截至第三季度
資料：21data 新聞實驗室、各企業的財務報表

　　也許市場會在幾年後轉移到印度或印尼等其他國家，但是在未來的 10 ～ 20 年，主導即將全面發展的人工智慧、自動駕駛等第四次工業革命的企業將會崛起，所以我們最好試著去了解全球的第四產業，並且評估要不要投資這個領域中具有強大競爭力的績優股。

G2¹ 的第四次工業革命第一名股票

　　被稱為第四次工業革命第一名股票的企業有美國的 Google（Alphabet）、亞馬遜、Facebook、蘋果、微軟，以及中國的騰訊、

1 美中兩大經濟體。

百度、阿里巴巴等。那麼就讓我們來看看，為什麼這些企業的長期投資前景會被看好。

　　第四產業的核心門檻相當地高。製造機器或許相對來說較為容易，但人工智慧和大數據並不是短時間內就能製造出來的東西。要花時間與已經登上頂峰的龍頭企業競爭幾乎是不可能的事情。Facebook 的每月用戶超過 20 億人，這些人每天都會上傳他們喜歡的食物和旅遊景點的照片到 Facebook 上；而人工智慧正在利用這些龐大的大數據加快學習速度，未來甚至有可能會變得比人類還聰明。雖然我們能透過企業併購或挖角等方式開發、購買雲端或人工智慧，但基於龐大用戶生成的大數據是一個不管我們用什麼方法都無法取得的武器。

　　Google 擁有遠超過 10 億名用戶共同建立的大數據；騰訊的 WeChat 和百度雖然以母國為中心，但它們擁有幾乎與 Google 同等規模的用戶人數；亞馬遜和阿里巴巴等企業則累積了無數名客戶的交易資料，且這些資料仍然不斷地在增加，也就是說，這些企業皆已具備了通往第四次工業革命的跳板。

　　美國的高科技 IT 企業和中國的 BAT 皆具備了第四產業的三大核心要素：大數據、人工智慧、雲端。如果考慮到這些企業壟斷的平台和大數據，我們可以說這些企業已經在第四產業分出了勝負，也可以說這些被雄偉的護城河圍繞的巨大城堡正在展現它們威風凜凜的姿態。因此，如果是個明智的投資人，就應該要學習與認識各大已經累積了大量數據、技術與客戶的企業。

03 第四次工業革命帶來的巨大變化

不可抗拒的創新

未來學家傅瑞（Thomas Frey）[2] 曾說過：「人類在接下來的 20 年所見證的變化，會比歷史上的任何變化都還要巨大。」

第四次工業革命除了將會結合人工智慧、物聯網、雲端運算、大數據、移動技術等智慧資訊技術與現有產業和服務，也將會結合 3D 列印、機器人工程學、生物工程學、奈米技術等各個領域的新技術，將生活中的所有產品和服務透過網路連結起來數位化，並將物體智慧化。這場巨大的變化正在改變人類的生活、工作機會和產業版圖，就算稱這場變化帶來的影響為「革命」也絕非誇大。

韓國科學技術院（KAIST）的鄭在勝教授在他 2018 年 7 月出版的《大腦革命的 12 步》（열두 발자국）一書中也提到，2015 年

---

2 Google 評選最頂尖的知名未來學家，達文西學院（DaVinci Institute）的創辦人，曾於超過 500 間公私營企業，例如 TED、NASA、AT&T 等發表其對於未來的預測。在此之前，他曾任職於 IBM 長達 15 年，是 IBM 獲獎最多的工程師。

左右，大概是「第四次工業革命」這個詞出現在學術圈和業界沒多久時，他其實是抱持著保留態度的，但後來他也承認第四次工業革命已經變成了不可抗拒的存在。

他還在書中提到「稱它為數位轉型（Digital Transformation）也好，說它跟德國發起的工業 4.0、日本宣布的社會 5.0 一樣也好，這些我都能理解，但重要的不是用語，而是這個世界正在前進的方向。我希望各位關注的是日益發達的智慧科技正在使數位世界與現實世界達到同步，正在引領製造業和流通業不斷創新，正在創造出能讓使用者與供應者直接串聯的共享經濟。也就是說，我們正朝著超連結、大融合社會發展，而這個走勢會進一步從根本改變政治、經濟、社會、文化等層面。這個變化正以全球為單位進行中，未來的機會應該就在這股潮流裡。」

鄭在勝教授精闢的論點，說明了「第四次工業革命」不僅是全世界共同描繪的新藍圖，同時還是一個象徵性的詞彙，代表「已經開始發生的巨大變化」。那麼，第四次工業革命與以前的工業革命究竟有哪些相似及不同的地方呢？

第一次到第三次工業革命

第一次工業革命指始於 18 世紀英國的技術創新，以及隨之發生的社會與經濟結構的變革。首先，多虧了詹姆斯‧瓦特發明的蒸汽機，人們的生產方式得到了創新，而這份創新擴散到整個產業，

引起了巨大的變化。原本以手工業為主的生產方式變成了機械式，自動化的程度提高了；道路與鐵路擴建使得人與物之間的交流變得更加便利了；第一台紡織機扮演了工業革命導火線的角色；火車與汽船則促使了國內外交易量全面增加。

第二次工業革命始於 19 世紀下半葉，並持續到了 20 世紀初。隨著現代科學與產業之間建立起密切的關係，新技術與產業開始在化學、汽車、電力等重化工業領域蓬勃發展。如果說第一次工業革命是由英國主導，那麼第二次工業革命則是由美國、德國等後新興工業化國家主導。第二次工業革命最大的特點在於電力技術的開發，與使用電力技術的通訊技術的發展，特別是在 1876 年貝爾發明電話之後，世界形成了一個巨大的網路，而這成為了一個促使各種技術進步的契機。

第三次工業革命又被稱為「網際網路革命」。著有《第三次工業革命》（The Third Industrial Revolution）的作者傑瑞米・里夫金（Jeremy Rifkin）曾說過，資訊通訊和新再生能源的發達將促進全球工業經濟水平發展，並引領第三次工業革命。如果用較為普遍的概念說明，我們可以說隨著各種資訊與個人意見透過網際網路快速、公平地被傳播，全球產業、經濟、社會結構都進入了新的局面。此外，再生能源的開發和擴散意味著今後可能會開發出化石燃料的替代能源。

透過工業革命建構的美國商業世界

美國的工業革命奠定了當今工業世界的決定性基礎。美國接手了英國的第一次工業革命，並將其用於企業現場，資本主義的質量因此大幅提升，巨大企業也因而誕生。要是沒有工業革命這股浪潮，全球資本主義和企業應該會發展出與現在不同的樣貌。

美國工業革命的核心是鐵路產業。在《華爾街日報》的創辦人查爾斯·道因為想要一覽紐約股市，而在 1884 年開發的道瓊指數首次公布時登場的 11 家企業的平均股價之中，有 9 家是鐵路公司，實質上幾乎等於鐵路股的平均股價。總之，美國工業的主軸就這樣始於鐵路產業。

當時與鐵路一同主導工業革命的產業為鋼鐵產業，其發展也相當耀眼。卡內基正是在此時憑藉著名為「貝塞麥轉爐煉鋼法」的技術成為了鋼鐵大王。由於鋼鐵可以被用來建設鐵路、橋、建築物等，卡內基的鋼鐵工廠得到了快速成長，美國的工業也因而躍升了一個階段。卡內基僅在創業 20 年內，就變成了支配美國鋼鐵產業的企業家，他甚至為了提升鋼鐵產品的流通速度，建設了專用的鐵路。後來，摩根看出了卡內基鋼鐵的價值，用 5 億美元的天價將其收購後，與自己手上持有的聯邦鋼鐵、國家鋼鐵合併為美國鋼鐵公司（United States Steel Corporation，簡稱 U.S. Steel），成為了美國最大的鋼鐵巨頭。美國鋼鐵公司當時的資本額高達 14 億美元，比美國當時一年的預算 5 億 2,500 萬美元高出了 2.7 倍。此外，由於

龐大規模的巨頭企業問世，紐約股市的規模也以此為契機開始超越了倫敦股市。

石油是工業革命的能源，也造就了龐大的產業。美國石油事業的關鍵人物正是有名的洛克菲勒。洛克菲勒在所有人都投身於石油開採時，注意到了另一個新的事業。他將事業重心放在煉油和銷售上，並與鐵路公司簽訂契約，建立了節省運送費用等的新經營體系，並創立了標準石油公司（Standard Oil），而其在美國石油市場的市占率，僅在創業的九年內，就從原本的不到 10%，變成了幾乎占據全美市場的 95%。附帶一提，這就是壟斷與企業聯合組織的開端。在這之後，標準石油開始進攻全球市場，藉由收購埃克森、英美石油公司、埃索石油公司、帝國石油等公司，發展成了規模超過一國經濟的企業。

電力引領了第二次工業革命。愛迪生的燈泡無庸置疑是個劃時代的發明，他還建立了火力發電廠，將電力的大量生產化為可能。摩根則被這耀眼的創新吸引，因此投資了愛迪生的事業並買下專利權，正式投入了電力產業，「愛迪生電燈公司」就此誕生。這家公司之後與湯姆森休士頓電器合併，發展成了美國的代表性企業：通用電氣。

貝爾發明了電話，而愛迪生使其達到了實用化。至於以貝爾發明的電話技術為基礎所創辦的貝爾電話公司（Bell Telephone Company），後來發展成了 AT&T。在這之後，該公司與西聯匯款合併，席捲了美國的電話與電信市場，發展成了壟斷體系。

在亨利・福特的大規模生產之下，汽車開始普及大眾，這一轉變非常清楚地展現出工業革命的技術創新，也改變了整個企業的版圖。汽車產業引領了鋼鐵、機械、玻璃、橡膠、電力、石油產業、建設業等相關產業，建立了龐大的產業生態圈。

起初，美國的工業市場並未受到資本的支配，而是充滿了只要擁有技術，就能支配市場的創新氛圍。當時基於技術競爭的企業們在專利制度下得到了各種支援。但在發展工業革命與造就大企業的過程中，龐大的資本漸漸變成了必備條件，新登場的金融資本就此成了後盾，其結果就是企業規模日益壯大。工業革命使美國進入了前所未有的繁盛期，美國工業和股市發揮了極大的綜效。

在對全世界具有重大影響力的美國大企業中，有相當多企業誕生於工業革命時期。它們不僅引領了新技術與市場，還實現了人們過去從未想像到的高度成長。此外，它們也建立了強大的壟斷體系，發展成了大企業。正如我們可以從美國各大企業的發展史中所看見的，工業革命創造出了前所未有的強大企業，以及由這些企業主導的全新市場生態圈。而從工業革命受益的人並非只有卡內基、洛克菲勒、愛迪生、亨利・福特等企業家，以摩根為代表的投資人中，也有不少人獲得了更多的財富。

第四次工業革命同樣包含了新技術、新企業、新市場、新產業和新致富機會，我相信能夠抓住機會的人將擁有無限的可能性。

會思考的機器誕生

就技術層面來說，我們要怎麼定義第四次工業革命呢？如果只能用一句話來回答，我認為是「會思考的 IT 機器有了生命」，或者更進一步地說，是「賦予所有機器生命的根本性的變化」。IT 機器會思考、擁有生命是什麼意思？這意味著 IT 機器將擁有智力。

如果從「計算」層面來看，電腦技術已經被證實了能擁有智力。但由於電腦只會基於完整的數學邏輯結構「演算法」，執行用數字和文字表現的人類指令「程式」，因此我們並不能說「電腦會思考」。也就是說，電腦只有在計算等過程及結果分明的領域具有優勢，要像人類一樣認知物體和情況並做出判斷仍然是有困難的。過去，再怎麼出色的電腦都無法區分吉娃娃和有葡萄乾的杯子蛋糕；但是現在，電腦開始利用一種叫做「深度學習」（Deep Learning）的人工智慧機制模仿人腦，培養出了認知、判斷和決策能力。電腦當然還沒有完美具備會透過精密無比的神經網路發揮直覺的人腦機制，但是隨著人工智慧開始活用龐大的數據，新的局面就此展開。透過累積、比較數據並從中識別出模式，電腦漸漸具備人類特有的能力：認知智能。而隨著數據累積的速度加快、人工智慧的學習能力持續提升，電腦的認知智能將會跟著快速發展。

人工智慧不僅在圍棋領域打敗了世界最頂尖的高手，震驚了全世界，也在象徵創意的藝術領域取得了具體成果。有一款名叫「Deep Dream」的人工智慧就在學習梵谷的畫風和色彩等技術之後

畫下了無數幅畫，其中有一幅「光化門」展現出了獨樹一幟的美學，足以帶給人們特別的感動。此外，微軟的「下一個林布蘭」所繪製的畫、YouTube 的「Flow Machines」所作的曲子也都達到了相當高的水準。在日本，人工智慧寫的短篇小說《電腦寫小說的日子》甚至通過了文學獎的預選。像這樣，人工智慧創造的音樂、畫作、文學作品的美學程度已經達到了相當於專業藝術家的水準。機器會思考的世界已不再是未來式，而是現在進行式。

也因此，有一個與第四次工業革命有關的話題是「如何與會思考的機器共存」，針對這個問題，專家們給出了兩個答案。一是徹底學會並有效活用會思考的機器，因為像是更進一步取得與處理數據，並交由人工智慧去分析與解釋這類的工作將很有前景；另一個則是發掘並強化機器無法模仿的創意領域。

第四產業會透過三種核心技術賦予機器生命與思考能力。從這點來看，我們就可以說第四產業和以網際網路為基礎的第三產業有所不同。「會思考的機器」是由三種技術為基礎所創造出來的，第一種是大數據，大數據的發展會使機器獲得龐大的知識；第二種是人工智慧，人工智慧會利用電腦的機械學習和人工神經網路技術的發展，讓機器具備自行判斷、學習並尋找最佳方案的能力，是第四產業最核心的技術；第三種是雲端運算，雲端運算是為了使人工智慧能充分利用大數據，而作為外部倉庫來解決空間問題的技術。大數據、人工智慧以及將之串聯在一起的雲端運算這三項核心技術讓無數台機器因此變得更「智慧」了。至於名為「5G」的通訊基

礎設施則是它們的後盾，讓我們能夠隨心所欲地傳送、處理、活用大規模的數據。

　　現在，從機器人產業到自駕車、3D 印表機、生科產業，所有的機器、商品、產業都在這些技術與基礎設施的基礎上被賦予了生命且變得更聰明了。物聯網、虛擬實境（Virtual Reality，簡稱 VR）、擴增實境（Augmented Reality，簡稱 AR）、智慧化的穿戴式裝置等都已經進入了商用化階段；運用人工智慧武裝的機器人、無人機、智慧機械、3D 印表機等也都在快速發展中；自駕車則會在未來清楚地讓我們見識到第四次工業革命所帶來的戲劇性變化。

不僅改變產業，同時改變生活

　　始於歐巴馬政府、延續到川普政府的美國製造業復活及回流（Reshoring）政策目前靠的正是第四次工業革命下的成果。這項政策一邊主張只要將工廠智慧化，就不再需要飄洋過海尋找廉價勞動力，一邊鼓勵企業們回到美國。如果去看傳統汽車製造商福特等企業，就會發現這些企業大多將生產基地設在國外。反觀製造電動車、自駕車的創新企業特斯拉（Tesla），就會發現其工廠全部都設在美國。

　　另一個積極應對第四次工業革命的國家是製造業強國德國。西門子、BMW、SAP 等德國的跨國企業從 2013 年初就開始建構了工業 4.0 平台，為未來做準備。現在，德國企業們正在經營結合了

物聯網、人工智慧和機器人技術，並且採用先進製程的智慧工廠，藉此提高生產能力。

前三次工業革命是製程上的革新，而如今正迎面而來的第四次工業革命，不僅將改變製程，還會為我們的生活帶來巨大改變，這就是前三次工業革命與第四次工業革命最根本的差異。

雖然人們常常會提到關於工作機會的問題，但我認為應該要抱持樂觀的態度，雖然現有產業會有許多職業消失，但未來也將有更多工作機會被創造出來。現在，比起學歷、資格證書等，創意、問題解決能力、分析能力、判斷力、共感能力、人際關係等將會變成更重要的個人必備能力。

整個地球正在面臨巨大的變化，在這樣的變化面前，我們有必要仔細思考應該累積哪些能力？該從事什麼工作？該經營哪種事業？如果要投資，又該選擇哪類的企業比較好？不過，以上這些問題的答案也許早就擺在我們眼前了。

04 需求暴增&新的週期開始

跳出懷疑論

提到「第四次工業革命」這個字時，不少人會擺出冷嘲熱諷的態度。他們經常會把標榜第四次工業革命的企業，和 1990 年後期的網際網路企業拿來比較。簡單地說，他們認為這些企業只不過是泡沫。他們當中有人批評這些企業只是藏在迷霧中，掩飾其脆弱本質的存在；也有人說喊著第四次工業革命口號的企業常常籌措遠高出其真正企業價值的資金。確實，有些企業會在籌措資金時利用第四次工業革命給予投資人過多的期待，不過，本來在變化的過程當中就多少會出現泡沫。

除此之外，有些人會貶低第四次工業革命，嘲弄說其核心「數位」並不存在。這些人認為「數位」只是脫離現實、存在於抽象體系、和影子一樣的存在。這種說法聽起來似乎有其道理，因為我們將「Virtual Reality」翻成「虛擬實境」，而這個字可以被解釋成「與現實世界無關的『假』世界」。但這樣的翻譯和解釋其實並不恰當，

我認為我們應該把「Virtual Reality」翻譯成「半現實」，意思是「基於現實去模仿現實的世界」。但現有數位技術的確會使我們脫離現實，舉個簡單的例子來說，我們在使用電腦、智慧型手機、導航機等數位設備時，會把目光和注意力放在設備上，視線會暫時離開現實世界。也就是說，我們會往返於相互隔絕的類比和數位世界。正是因為這樣，現有的智慧設備才會被認為會隔絕我們與日常。

但是，第四次工業革命會串聯起數位世界和現實世界，開闢一個新的世界。一扇通往實現生活沉浸式科技新世界的大門即將敞開。第四次工業革命技術將會串聯起數位世界、類比世界、虛擬實境與現實世界，並且改變我們的日常。這也是第四次工業革命與以網際網路為中心的第三次工業革命之間最根本的差異。

擴增實境就是一個能幫助我們理解的代表例子。由於擴增實境會在類比世界以數位形式提供虛擬資訊，因此兩個世界會達到完美的相互作用。我們可以戴上擴增實境眼罩，一邊先看產品實際的樣子，一邊取得產品的相關資訊。駕駛時，我們可以透過數位影像取得道路資訊。而開發產品時，我們可以事先看到修改設計後的結果，並自由地進行討論。汽車將會自動駕駛，交通事故將不再發生。我們還能跟正在美國留學的女兒在虛擬空間聊天，也能在現實世界中抓寶可夢。也就是說，類比世界將與數位資訊起作用變得更安全、更愉快、更富足，而擴增實境、物聯網等技術會為我們實現這一切。

因此，我們必須從「否定第四次工業革命具有無限發展潛力」

的懷疑論跳脫出來，因為這種觀點會給我們藉口拒絕理當接受且應該去嘗試的改變。第四次工業革命是現實世界中正在發生的重大改變。值得注意的是，在第四次工業革命的進展中，跨國企業們正在透過智慧工廠進行製造業創新。智慧工廠指的是結合產品製程與最先進的資訊與通信技術（ICT 技術），將生產力提到最高的先進工廠。智慧工廠可以透過設置物聯網感應器在工廠內的設備和機械上，即時蒐集與分析數據，掌握整個生產現況，提升生產效率，進而大幅地強化競爭力。此外，跨國企業們為了能將人工智慧等各種高科技技術用於自家產品和服務，目前正在強化研究與開發，也已經取得了不少顯著的成果。我認為，現在已經沒有理由再去討論已經在傳統製造業領域引領創新，也取得了不少具體成果的第四次工業革命的本質了。

1兆美元企業的誕生

2018 年 8 月 2 日，全球股市發生了歷史性的事件，那就是總市值達到 1 兆美元的企業誕生了，這個事件的主角正是蘋果公司。一個月後，也就是同年的 9 月 5 日，亞馬遜的總市值也超過了 1 兆美元。就這樣，美國有兩家第四次工業革命的龍頭企業，規模超過了 1 兆美元，而大部分的人都推測 Google、微軟等企業將緊跟其後。雖然可能有點操之過急，有人甚至已經在預測哪些企業總市值將超過 2 兆美元了。

1 兆美元是極為龐大的規模。2017 年，全球排名第十二的經濟大國韓國的國內生產總值（以下簡稱 GDP）約為 1.5 兆美元；而人口數排名全球第四的印尼的 GDP 約為 1 兆美元；荷蘭、瑞士等歐洲的已開發國家的 GDP 則未超過 1 兆美元。換句話說，總市值達到 1 兆美元的企業規模，實際上已經超越了具備中等經濟能力的國家了。

總市值超過 1 兆美元以及預計會超過 1 兆美元的企業都是第四次工業革命的領頭羊，意味著市場認同這些企業透過創新所創造出來的附加價值。現在，就連跟巴菲特一樣會以非常嚴格的標準去選擇企業進行價值投資的謹慎型投資人，也都毫不遲疑地開始投資第四次工業革命的龍頭企業了。

引領第四次工業革命的大企業們已經發展到了規模足以匹敵一國的經濟能力，這樣的現象可以說是即將來臨的股市長週期的前奏。雖然我們未能親眼見證 1900 年代工業革命後企業們所造成的變化，但在不久之後的未來，股市將以第四次工業革命為媒介產生數百年來的改變，並且進入上漲週期。

需求暴增＆長期上漲週期

從長期觀點來看，我會期待股市大躍進的理由其實非常簡單，那就是因為企業會把第四次工業革命作為媒介，不斷創造出極高的附加價值，而已經積累了巨大財富和力量的企業規模今後也將會繼

續擴大。

　　首先，製造業將會爆發性地成長。美國、德國等國家目前正在把人工智慧、物聯網等第四次工業革命用於製造現場，飛躍性地提高生產力。此外，這些國家也實現了大量客製化，會在大量生產系統下製造出符合客戶個別需求及特殊需求的產品。而成功創新的企業將會得到前所未有的獲利能力，企業價值也會被提升。

　　利用第四次工業革命的核心技術所創造出來的各種高科技產品才剛進入開始階段，所以很難估計未來的規模。然而，這並不代表產品的未來也是無法評估的，我們只是很難預測市場規模會擴大到哪種程度而已。舉例來說，如果電動自駕車進入全面普及階段，全球的自駕車市場規模也會跟著擴大；而從汽車的製造特性上來看，這將會直接影響無數個零件與技術。由此可知，不僅是整車企業，未來將會出現極為龐大的零件、軟體、服務等的更換需求，且規模將有別於 PC、手機、智慧型手機普及時期。

　　在物聯網領域也是如此。以近幾年建造的智慧城市為例，從城市內的基礎設施到其他所有設施、建築、內部設備等都將變成安裝有物聯網的智慧產品。

　　雖然目前自駕車還沒有全面正式上路，但是在未來，隨著市場成長，全世界一年可能將會有高達 5,000 萬輛以上的需求。這個變化應該會從美國等已開發國家開始，然後擴散到新興國家。只要想想看中國在連有線電話都還沒普及時，其智慧型手機的市場就以飛快的速度成長，我們應該不難預料到接下來會發生的變化。

此外，生產方式、產品、服務也將改變。有別於過去由一兩種產品引領市場時的改變，這次的變化將帶來全方位的改變。隨著前所未有的新需求出現，企業規模將隨之擴大，股市也很有可能進入長期上漲週期。

讓我們來回顧一下繼英國之後主導工業革命的美國，是如何進入了工業革命高峰期，並創造出了史無前例的大規模產業、企業和投資生態圈吧。首先，標準石油、美國鋼鐵公司、通用電氣、福特、AT&T 等企業透過工業革命的創新，站上了壟斷性地位，也達到了超大規模的成長。雖然後來因為政府管制，這些企業無法再獨享市場壟斷的優勢，但它們早已奠定了穩固的基石，而看出這些企業前景的投資人也早就大賺了一筆。主導工業革命的各大企業改變了美國股市，更進一步地說，是改變了全球金融市場的結構，翻開了歷史新的一頁。我認為，歷史很有可能會以主導第四次工業革命的企業為中心，以類似的方式重新上演，因為人工智慧等核心技術難以透過模仿快速跟上，壟斷性相對較強。因此，除了發展的型態將有所不同，我們能預測這些企業將會和第二次工業革命時的美國企業一樣，飛躍性地成長且建立全新的秩序。

請注意，並不是所有處於工業革命時期的企業都能從股價的長期上漲週期受益。如同前面所說，第四次工業革命的進入門檻相當高，所以受益企業很有可能會集中在已經累積了實力的少數企業，以及成功轉型、創新的幾家企業。

我建議各位抱著「即將進入全新一波的股價上漲局勢」的樂

　　觀想法開始關注股價變化，在股價低迷或下跌時買進被相對低估的龍頭股會是個明智的選擇。最後，我們也應該密切關注未來將會獨占這波長期上漲週期所帶來的獲利機會的企業。

第二章

第四次工業革命&需求暴增

01 自駕車① 工業革命的新寵兒

　　自駕車是第四次工業革命中最直接又最具戲劇性的技術創新。過去，不需要人類駕駛、會自行判斷和移動、可以運送人與貨物的車子只存在於人們的想像中；但是，2018 年 12 月 5 日，Google 的自駕車公司 Waymo 開始在美國亞利桑那州鳳凰城提供「Waymo One」自駕計程車服務，「自動駕駛時代」被實現了。

　　隨著自動駕駛時代揭開序幕，自駕車的行駛距離今後將大幅增加，其數據和技術當然也將迅速成長，真正的自駕車時代也會提早來臨。現在，再去討論人類能不能開發出自駕車已經沒有意義了，我們要關注的應該是自駕車的發展速度和規模。

　　自駕車是象徵「第四次工業革命時代產業無界限」的代表領域。數位化與智慧化加快了跨領域技術與產業結合的速度，而產業間的高牆倒塌，使技術的發展與競爭變得不再局限於特定產業，現在跨國汽車製造商最大的競爭對手是 IT 企業 Google 就是最好的證明。

　　此外，生產系統的變化也包含了模式的變化。以前如果想要

開發汽車，人們會以完整的數據為中心，等跑完嚴格的程序後才會生產新型號，所有的執行和決定都是在保守的過程中做出來的。舉例來說，過去的製造業會將目標訂為「透過徹底的計劃、測試、分析，做出最佳的產品及服務」，因此從製作產品原型到量產需要很長的時間。但在第四次工業革命時代，自駕車等製造業的生產方式將會有所改變。第四次工業革命時代的製造業會根據當下蒐集到的數據，迅速做出決定並執行。同時，也將會有越來越多人選擇精實創業（Lean Startup）[3]。今後將發展出先使專案的核心項目具體化、快速製造產品原型，接著再按照市場反應和用戶回饋進行修正、開發的模式。

此外，我們能從自駕車的開發現況看出在即將到來的人類平均壽命遽增的 Alpha Age 時代，第四次工業革命會如何發展。自駕車產業目前正致力於提高老年族群的駕駛便利度、提供駕駛人資訊、結合娛樂與汽車運輸，創造出全新的境界。像這樣，自駕車清楚展現了第四次工業革命的改變，同時也撼動了相關技術與產業。

自駕車很有可能會跟電動車一樣需要電力驅動，並為整個運輸服務業帶來創新。因此我推測，電動車、自駕車、運輸服務的相互結合將形成一股巨大潮流，並改變市場和產業。讓我們將這部份分成自駕車技術、市場趨勢，以及從投資觀點來看需要注意的事深

---

3 一種創業模式。有別於過去在創業或發售商品前必須花費大量時間做市場調查、擬定商業計畫書、開發最完美的產品，精實創業主張在相對短的時間內供應市場所需的產品或服務，再依照顧客的回饋快速修正及優化。

入探討。

電動車

　　在全球車市當中，變化最明顯的就是電動車領域。2017 年，全球電動車市場規模約為 110 萬台，在整個汽車市場的占比仍然很低；但是，電動車有銷售量快速增長的趨勢。根據 2018 年彭博社的《彭博新能源財經》（BNEF）報告預測，電動車將會占 2040 年新車銷售量的 54%、全球汽車市場的 33%。該報告也指出，雖然目前混合動力電動車（Plug-in Hybrid Electric Vehicle，簡稱 PHEV）的市占率比純電動車（Battery Electric Vehicle，簡稱 BEV）大，但到了 2025 年，這種情況將會逆轉。

　　中國是主導全球電動車市場的國家，歐洲、美國、日本市場也正在成長。目前在電動車當中，電動公車的市場成長幅度比電動汽車大，中國已經有 30 萬台電動公車在行駛，大約占了全球電動公車銷售量的 99%。

　　2008 年，巴菲特投資了一家名不見經傳的中國企業比亞迪（BYD），而這令人摸不著頭緒的舉動引起了各界的關注。巴菲特會投資這家公司有他的理由，比亞迪是一家電池製造商，並將電動車作為未來的主打事業領域，而巴菲特堅信它將會成為全球電動車市場的領頭羊。在巴菲特的投資下，比亞迪在全球市場成了備受矚目的電動車企業。在那之後，比亞迪好幾年都陷入了赤字，甚至飽

受批評；但到了 2015 年，其銷售了 61,722 台電動車，把特斯拉、NISSAN、BMW 甩在身後，變成了全球最大的電動車企業，其股價比巴菲特投資時漲了 10 倍左右。當然，中國政府對電動車的全面補助也是促使比亞迪躍進的一大因素。

雖然目前還存在著電池價格高、充電站不足等阻礙電動車市場成長的要素，但隨著技術發展、各國政府推出補助政策，這些阻礙有望得到解決。另外，由於自駕車與車輛共享服務會同步發展，這個市場今後應該會飛躍性地成長。

自駕車

自駕車將與電動車一同主導今後的巨大變化。事實上，許多人認為自駕車將會是解決交通事故與道路堵塞等問題的解決方案。美國前總統歐巴馬就曾在 2016 年 9 月 19 日匹茲堡地區報紙的一篇投書中提到「自駕車將改變美國人的生活方式」。歐巴馬指出，自駕車每年將拯救數萬條人命，並改變不方便親自駕駛的高齡與殘疾人士的生活。他也預測道路將變得不再那麼堵塞，汙染也會減少。

當然，自駕車跟電動車一樣仍然有許多限制因素，像是人們無法完全信任自駕車、駕駛人有牴觸情緒、相關法規尚不完善、技術和基礎設備不足、初期費用高、發生損失時的責任歸屬等，但由於自駕車擁有更大的優勢，其市場無庸置疑會成長。

另外，自駕車也將改變現有汽車的特性。在設計現有汽車時，

是以駕駛人為中心、從第一人稱視角出發、著重便利與安全；而為了吸引消費者，現有汽車會強調性能、耗油率、安全裝置、操作性等要素。與之相比，在設計自駕車時是站在第三人稱的視角，而品牌、感性、服務等將成為影響消費者選擇產品的重要因素。

汽車相關事業將產生的變化

從現有汽車轉向自駕車的過程中，會給汽車及相關產業帶來相當大的變化，例如：駕駛人的負擔將大幅減少，並且視覺和身體上將變得更自由；汽車所擁有的空間將成為「生活空間」；此外，「移動性」的概念也會產生變化。

自駕車將帶來最大的變化，是「汽車」這個空間的概念將會改變。汽車原本是一個必須要有人駕駛才會移動到目的地的空間，一旦駕駛人從「駕駛」行為中得到解放，汽車將成為一個只具移動性的空間，也因此將會減輕過去移動時駕駛人需要承受的壓力及疲勞，並節省駕駛時間。此外，居住型態和交通基礎設備也都會跟著改變。

而在除去「駕駛」行為，只剩下「移動性」的空間裡，我們將能享受各種個人活動，汽車最終不再只是被操作的東西，其價值將會被提升，成為一個能夠提供各種服務與文化內容商品，如同「介面」般的存在。這正是開發自駕車的IT陣營最想得到的結果。

自駕車還會改變「移動性」一詞的概念。也就是說，我們將

變得不需要擁有汽車，並且將能夠共享汽車。由於可以只在需要時才使用汽車，車輛共享產業的發展將會加速。我們能夠預測隨著自駕車登場，未來將形成一個標榜共享運輸工具的新產業生態圈，而且這個生態圈會持續發展下去。此外，我們也能夠預料 Uber 這類企業將快速成長。

新的競爭結構出現

電動車、自駕車、運輸服務的快速發展將帶來新的體制變化。未來，最具威脅性的企業並不是現有的整車企業，而是市場的新進者，特別是現有的 IT 企業。因為現有 IT 企業極有可能會帶來各種劃時代的創新技術。

首先，我們要先了解 IT 企業會進入汽車市場的背景。在內燃機時期，整車在基礎技術是引擎和變速器技術、各種零件垂直整合的構造下，具有很強的議價能力。

但隨著近幾年整車市場被前十三大企業壟斷、基礎技術的平均水準得到了提升，再加上受到品牌、設計、超級跑車等的影響，各家企業的類異點正在減少。而隨著各家企業的類異點減少、需求趨緩，消費者的議價能力漸漸變得比供應者強，這最終削弱了各種新技術的價格轉嫁能力，也為整車的利潤施加了壓力。

與此同時，汽車市場急轉彎，環保車急遽發展，整車企業不得不慎選投資項目並集中投資，這使主導權從個別零件廠商轉移到

了大型零件企業。也就是說，現在已經形成了一個只要組裝大型零件企業製造的零件，就能製造出整輛車的結構。此外，現在比起技術，資本實力和品牌信譽度變成了主要的進入壁壘，這種結構使得Google、蘋果、特斯拉等已經在 IT 產業累積足夠的品牌信譽、資本實力雄厚、將為現有汽車產業模式帶來破壞性改變的企業更容易進入市場。而這些企業進入市場後對現有整車製造商造成的影響不容我們忽視。

　　由於汽車是高價耐久財、價格負擔大，很難使每戶家庭追加購買，因此想刺激新需求有一定的困難。在這種情況下，新型態汽車的出現就很有可能會在引起需求變化時，影響現有企業的市占率。總之，現有整車企業正處於巨大的變化浪潮與新的競爭結構的中心，靜觀哪家企業會最快適應，應該也是一個樂趣。

02 自駕車② 自駕車技術與業界的變化

宋善宰分析師

汽車產業內也在發生變化

汽車產業正在經歷各種前所未有的變化。從技術層面來看，電動車、氫燃料車等環保車正紛紛登場，並與車聯網（Connectivity）以及自動駕駛技術相結合；從社會層面來看，汽車共享（car sharing）、叫車（car-hailing）等共享經濟正在滲入我們的社會；從管制層面來看，環境和安全問題浮上了檯面。

首先，如果要分析汽車產業面對相關變化時的應對能力，我認為現有的企業足以應對環保車所面臨的技術問題，特別是動力總成（powertrain）方面的。自動駕駛技術會使駕駛習慣產生變化，同時需要結合各種 IT 技術，因此大型零件企業在供應鏈的重要程度會增加。

再來，前所未見的 IT 企業將會進入價值鏈，這些企業的議價能力將高於中小型汽車零件企業。因此，如果比較附加價值占有

率，整車企業的相對優勢將會減弱，而代表共享經濟的新的行動將會改變汽車的價值，撼動現有的商業模式。雖然就技術上來說開發相對容易，但是比起網路效應，這可能仍會是後起的自駕車產業最難實現的領域。

未來汽車產業的價值鏈變化

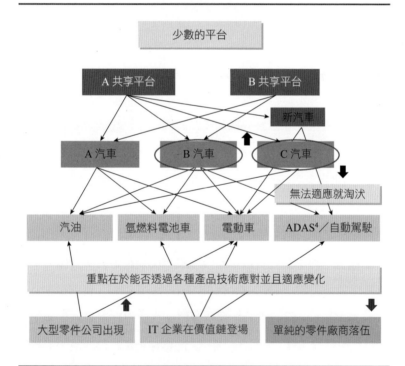

資料：韓亞金融投資

---

4 Advanced Drive Assistance System，先進駕駛輔助系統。

造成短期獲利能力下降、競爭加劇

這些變化正在撼動現有價值鏈。首先，汽車產業的進入壁壘變低，想要進入市場變得更容易了。一直以來，汽車產業都是基於引擎、變速器等動力總成技術和量產能力構築了進入壁壘。但隨著全球汽車市場變成由二十大集團組成，再加上平均技術力提升，傳統機械技術的差異化隨之減弱；另外，由於汽車與以電池、引擎為基礎的電動車技術結合，車內經驗技術（例如震動和噪音這類與舒適度、便利度、安全度等有關的 IT 技術）的重要度正在增加。

現有汽車製造業的進入壁壘開始降低，形成了新的市場進入條件，新進者能夠透過創意、IT 技術和龐大的資金進入市場，舉例來說，電動車產業除了特斯拉之外還有許多新企業誕生；自動駕駛產業的 Waymo、Cruise 等企業都是用 IT 技術起家的公司；而在共享經濟產業則有 Uber、Lyft、Grab 等平台企業陸續登場。

對現有的汽車產業而言，它們現在需要增加對未來技術的投資，但是由於市場尚未成熟，因此很難把研發和設備的投資成本轉嫁到消費者身上。所以從短期來看，我預測企業的投資成本會增加，而獲利能力會下降。

既有收益來源放緩 **vs.** 新收益來源急遽成長

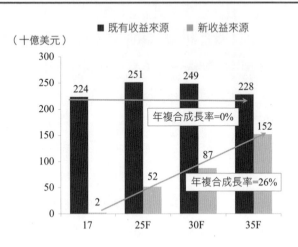

資料：BCG、韓亞金融投資

整車企業的收益性和投資負擔預測

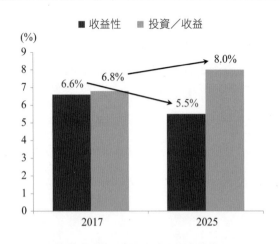

資料：BCG、韓亞金融投資

從長期來看，環保車轉型時會在維持原有價值的狀態下，產生「環境保護、經濟」等新的附加價值。自動駕駛與共享經濟則會將其價值從整車企業轉移到其他產業，因此具有更強的破壞性。未來，我預測汽車銷售與金融等現有收益來源將陷入低潮，而自動駕駛、電動車、數據、行動等新的收益來源則會快速成長。

汽車產業是否能打出逆轉全壘打？

① 擴大併購技術企業

為了在短時間內獲得自動駕駛和共享經濟等技術，現有整車企業選擇的第一個策略是擴大併購。

2016 年，通用汽車以 10 億美元收購了新創企業 Cruise，其現在為獨立事業部，並且是自動駕駛部門的核心；2017 年，通用汽車收購了光達設備開發商 Strobe，藉此得到了硬體技術。福特則是透過投資 10 億美元在人工智慧平台企業 Argo AI，而獲得了相關技術；2018 年 8 月，福特宣布成立自動駕駛事業部門「Ford Autonomous Vehicles LLC」，目標是要擴展自動駕駛技術開發與系統整合等相關事業。

2015 年，戴姆勒與 BMW、奧迪合資收購了高精地圖服務企業 HERE 以強化軟體能力，目前則在架構精密地圖 DB。為了能提供行動服務，戴姆勒甚至在 2008 年投資了車輛共享服務公司 Car2Go，以及在 2014 年收購了計程車叫車平台 Mytaxi，並將其作

為子公司營運與提供相關服務。

② 透過合作減輕負擔

　　除了與同產業的企業合作，現有整車企業也正在與 IT 企業合作，以節省投入開發自動駕駛的時間與金錢。

　　2018 年 6 月，通用汽車的 Cruise 獲得了軟銀 22 億 5,000 萬美元的投資，軟銀因此獲得了 19.6% 的股權。Cruise 已經在自駕車的開發上投資了 9 億美元，並預計在其自駕車商用化時，追加投資 13 億 5,000 萬美元。而在 2018 年 10 月，日本本田汽車也投資了 Cruise7 億 5,000 萬美元，並預計再投入 20 億美元，用作自駕車的開發成本。此外，為了共同開發自動駕駛網路，本田汽車也在 2016 年投資了車輛共享服務企業 Lyft 5 億美元。

　　2016 年，福特與中國的百度共同投資了光達技術開發公司 Velodyne 1 億 5,000 萬美元。福特目前正在與車輛共享服務平台 Lyft 合作，致力於開發能夠連動福特自駕車與 Lyft 的 APP。值得一提的是，Alphabet 也是與福特合作的 IT 企業。

　　福特目前也在經營與自動駕駛技術相關的服務事業，其中最具代表性的就是「FordPass」。FordPass 已經與麥當勞、7-11、英國石油公司（BP）建立起合作夥伴關係，能夠提供使用者專屬優惠與地理位置服務。此外，福特也計劃與百度在中國進行自動駕駛試駕，以及透過 SharedStreets 平台與 Uber、Lyft 共享城市行動數據。

　　2017 年，豐田開始與輝達合作。豐田透過輝達的 Drive PX AI

平台開發了自動駕駛技術。2018 年，豐田投資了東南亞的汽車共享企業 Grab 10 億美元，並於同年 8 月投資了 Uber 5 億美元。豐田也與軟銀建立策略合作夥伴關係，共同成立了合資公司 Monet Technologies 提供行動服務。

　　戴姆勒則是透過與多家整車、零件、IT 企業合作以強化能力。戴姆勒與 Bosch 建立了廣泛的合作夥伴關係。Bosch 負責硬體以及硬體零件的軟體開發，戴姆勒負責系統整合與汽車製造，這兩家企業計劃共同推出自駕車叫車服務。戴姆勒與 Bosch 目前也在進行自動駕駛停車系統商用化測試。此外，如同前面提到過的，為了強化軟體能力，戴姆勒與 BMW、奧迪共同收購了自動駕駛用的高精地圖服務企業 HERE，目前正在架構精密地圖 DB。2017 年 2 月，戴姆勒與 Uber 建立了自駕車合作夥伴關係；2018 年 7 月，戴姆勒與 Bosch 更是宣布了將把輝達的 AI 平台「DRIVE Pegasus」用於自動駕駛技術開發。在中國，戴姆勒則參與了開發道路感應和高解析度地圖繪製軟體的中國初創企業 Momenta 發起的 4,500 萬美元融資。戴姆勒也計劃與吉利汽車建立合資公司，提供高級叫車（Ride-hailing）服務。戴姆勒甚至與 BMW 集團成立合資公司（雙方各自持有 50% 股權），共同經營行動事業。

　　2016 年，為了在 2021 年之前開發出高度自動駕駛（Level 3）及完全自動駕駛（Level 4、5）技術並進入生產階段，BMW、英特爾、Mobileye 決定展開合作；而在 2017 年，汽車零件企業德爾福（Delphi）和瑪格納（Magna）也加入了陣營。其目標是活用各企

業的優點、能力、資源，提升平台技術、提高開發效率、縮短產品的上市準備時間。目前，BMW 已經在中國取得了自動駕駛牌照，並且正在與百度共同開發相關技術。此外，如同前一段所提及，BMW 為了強化行動服務，也與戴姆勒共同設立了合資公司。

整車企業自動駕駛技術動向

	自動駕駛	共享經濟
通用汽車	• 2008 年，公開自動駕駛測試車。 • 2016 年，收購 Cruise。 • 2018 年，公開基於 Bolt EV 的 Cruise AV 車型。 • 2018 年，成立子公司 Cruise。 • 2019 年，以市中心商用化為目標。 • 2020 年，計劃在凱迪拉克的所有車型搭載 Super Cruise 技術。 • 2020 年，計劃推出可快速變換車道的自駕車。	• 2016 年，與 Lyft 共同開發自動駕駛網路。 • 2016 年，開始提供通用汽車旗下的汽車共享服務 Maven。 • 透過建立自動駕駛與共享經濟生態圈，尋找新的利潤來源，並追求收費化。
福特	• 2012 年，在密西根州進行自動駕駛道路測試。 • 2018 年，推出駕駛輔助技術 Co-Pilot360。 • 2018 年，成立子公司 Argo AI。 • 2018 年，繼邁阿密之後，在華盛頓特區取得自動駕駛執照。 • 以 2021 年達到自駕車商用化為目標。 • 在 2023 年之前投資 40 億美元。	• 2018 年，計劃透過 Uber、Lyft、SharedStreets 平台分享數據。 • 2018 年，與租車公司安維斯 (AVIS) 進行車輛合作以及連動行動裝置。 • 目標為將整個都市的交通系統建構成自動駕駛生態圈。
豐田	• 2013 年，公開自駕車 Lexus LS 600h。 • 2018 年，公開多功能自動駕駛概念車 e-palette。 • 計劃於 2020 年推出能在高速公路行駛的自駕車。	• 2018 年，與軟銀建立策略合作夥伴關係，在車輛共享服務與自駕車方面合作。

	自動駕駛	共享經濟
戴姆勒	• 1998 年，將定速巡航功能用於賓士 S-Class。 • 2013 年，賓士 S-Class 成功在德國無人駕駛 104 公里。 • 2015 年，美國內華達州首次核發商用自駕車駕駛執照。 • 2017 年，首次在美國公共道路上進行商用貨車隊列駕駛測試。 • 2018 年，自駕車在中國北京上路。 • 2019 年，在美國聖荷西進行自駕計程車的道路測試。 • 以 2020 年完成 Level 3 自動駕駛系統為目標。 • 計劃 2021 年達到自駕計程車商用化。	• 收購行動企業作為子公司提供服務。 • 2018 年 9 月底，服務用戶達 2,350 萬人。 • Mytaxi 用戶人數 1,690 萬人。可在 15 國、100 多個城市使用。 • Car2go 用戶人數 340 萬人。擴展到芝加哥。 • Moovel 用戶人數 570 萬人。 • 有 250 萬台車登錄互聯汽車服務 Mercedes me。 • 2018 年，與中國的吉利汽車設立合資公司，籌備高級叫車服務。 • 2018 年，行動事業部決定與 BMW 設立合資公司。
BMW	• 2007 年，開發無人駕駛系統。 • 2014 年，公開自動駕駛 coupe 235i。使用 GPS 記錄操作情況後重現的功能。 • 2018 年，公開 BMW「iNext」自動駕駛電動車概念車。搭載 Level 4 的自動駕駛模式。預計 2021 年上市。 • 2017 ～ 2020 年，Level 2 自動駕駛。 • 2021 ～ 2022 年，以 Level 3、Level 4 自動駕駛為目標。 • 預計於 2030 年達到 Level 5 自動駕駛。	• 推出 ChargeNow、DriveNow、ParkNow、ReachNow 等行動服務。 • 2018 年，行動事業部決定與戴姆勒設立合資公司。
福斯	• 2009 年，公開與史丹佛大學製造的 TTS 自駕車。 • 2015 年，公開智慧型充電技術 V-Charge。 • 2017 年，公開全自動駕駛概念車 Sedric。 • 計劃於 2021 年推出無人自駕車。預計以奧迪為中心販售。 • 計劃於 2022 年販售採用 Level 3 自動駕駛技術的電動公車 I.D. Buzz。 • 以 2025 年推出完全自動駕駛 SUV 電動車為目標。	• 2016 年，成立行動部門子公司 MOIA。 • 2018 年，與中國的滴滴出行合作。

	自動駕駛	共享經濟
現代 KIA	• 2010 年，公開基於 Tucson ix 的第一台自動駕駛車型號。 • 2012 年，開發高速公路自動駕駛系統技術。2 年測試行駛 5 萬公里。 • 2015 年，在 Genesis EQ900 搭載 HDA[5]、ADAS 技術。 • 2015 年，取得美國內華達州的自動駕駛執照。 • 2016 年，在韓國取得自動駕駛臨時執照。 • 2018 年，成功以基於 NEXO Genesis G80 的 Level 4 自動駕駛在高速公路行駛 190 公里。 • 2018 年，成功在高速公路完成重型貨車的 Level 3 自動駕駛。 • 以 2021 年在智慧城市內實現 Level 4 自動駕駛為目標。 • 以 2030 年實現完全自動駕駛技術商用化為目標。	

資料來源：各大企業及媒體報導資料、韓亞金融投資

　　2018 年 1 月，福斯汽車（Volkswagen）與開發自動駕駛技術的新創企業 Aurora 簽訂了策略合作協議，並計劃在 2021 年之前將相關技術應用於自駕車計程車，福斯汽車也在同年 6 月與 Bosch、Continental、輝達成立了新一代自動駕駛開發聯盟：NAV 聯盟，以及在 9 月與微軟簽訂了策略合作夥伴關係，開始共同開發雲端，並計劃將相關服務用於所有車型。此外，福斯汽車也於 2018 年 5 月開始在中國與滴滴出行合作，目標是希望能負責滴滴出行一半以上的自駕車。

---

5 Highway Driving Assist，高速公路駕駛輔助系統。

整車企業自動駕駛技術執行策略

	自家	併購	策略合作
通用汽車	• 2017 年，公開基於 Bolt EV 的量產型自駕車。安裝自主開發的感測器、控制器與系統。	• 2016 年，收購自駕車新創企業 Cruise。 • 2017 年，收購光達新創企業 Strobe。	• 2016 年，投資汽車共享業者 Lyft 5 億美元。 • 2018 年，軟銀投資 22.5 億美元。 • 2018 年，本田投資 27.5 億美元。
福特	• 將各種 ADAS 技術用於中型車車型 Fusion。 • 在自動駕駛模式下會啟用投影機、螢幕的娛樂系統登記專利。 • 2016 年，支援交通擁擠路段、公開完全自動停車系統。	• 2017 年，收購人工智慧平台 Argo AI。	• 2016 年，與麥當勞、英國石油、7-11 建立合作關係，提供 FordPass 服務。 • 2016 年，與百度共同投資光達技術開發公司 Velodyne 1.5 億美元。 • 2017 年，與汽車共享業者 Lyft 合作開發軟體。 • 2018 年，計劃與百度試營運自動駕駛。
豐田	• 2016 年，設立自動駕駛系統研究組織。 • 2017 年，豐田研究所（TRI）公開裝有新型光達的自動駕駛平台 2.1。 • 2019 年，計劃整個村子的交通工具都採用自動駕駛的實證實驗。		• 2017 年，與輝達合作，使用其車輛電腦平台。 • 2018 年，投資東南亞汽車共享業者 Grab 10 億美元。 • 2018 年，追加投資 Uber 5 億美元。 • 2018 年，與軟銀建立策略合作夥伴關係，計劃設立與行動服務相關聯之合資公司。
戴姆勒		• 2008 年，投資車輛共享服務 Car2Go。 • 2014 年，收購計程車呼叫服務 Mytaxi。 • 2015 年，收購高精地圖服務業者 HERE。	• 2017 年，與 Bosch 合作，計劃共同推出自駕車叫車服務。 • 2017 年，參與中國自動駕駛新創企業 Momenta 的募資。 • 2018 年，與吉利汽車在中國設立 合資公司，計劃提供高級叫車服務。 • 2018 年，與 BMW 設立投資公司以強化行動服務。

	自家	併購	策略合作
BMW	• 2018 年，在慕尼黑設立專門開發自動駕駛的研發中心。 • 預定於 2020 年完成新的駕駛模擬裝置。		• 2016 年，與英特爾、Mobileye 合作開發自動駕駛技術。 • 2017 年，德爾福、瑪格納加入。 • 2018 年，與百度開展自動駕駛合作。 • 2018 年，與戴姆勒設立合資公司以強化行動服務。
福斯	• 預計在 2019 ～ 2023 年投資 440 億歐元於全自動化、自動駕駛、數位化、行動服務。 • 預計於 2019 年推出搭載共用無線區域網路的車型。	• 2018 年，自動駕駛新創企業 Aurora 收購計畫告吹。	• 2018 年，與開發自動駕駛的新創企業 Aurora 簽訂策略合作協議。 • 2018 年，與 Bosch、Continental、輝達成力新一代自動駕駛開發聯盟。 • 2018 年，計劃與微軟簽訂策略合作協議、開發雲端。 • 2018 年，與滴滴出行合作提供自動駕駛共享服務。
現代 KIA	• 2017 年，於研究開發總部內設立智慧安全技術中心。 • 高度提升 ADAS 技術、研究基於人工智慧的自動駕駛技術。		• 2017 年，與 Mobileye 共同開發自動駕駛。 • 2018 年，與自動駕駛新創企業 Aurora 合作。 • 2018 年，投資雷達新創企業 Metawave。 • 2018 年，投資 AI 新創公司 Perceptive Automata。

資料來源：各大企業及媒體報導資料、韓亞金融投資

　　2017 年 7 月，現代汽車集團決定與 Mobileye 共同開發自動駕駛。而從 2018 年 1 月開始，現代汽車與自動駕駛新創企業 Aurora 合作，目標訂為在智慧城市的市中心實踐 Level 4 自動駕駛系統商用化。同年 5 月，現代汽車投資了自駕車雷達新創企業 Metawave，並於 10 月投資了新創 AI 企業 Perceptive Automata，目前正在合作

開發自動駕駛與機器人。

有卓越技術作為基礎的IT企業

　　Alphabet（Google）的自駕車始於 2009 年「Google X」的自駕車計畫。2017 年 1 月，Alphabet 與克萊斯勒合作製造的自動駕駛多功能休旅車「Pacifica」開始在美國加州山景城與亞利桑那州鳳凰城進行試駕，同年 5 月，其發表將與美國的車輛共享服務業者 Lyft 在自駕車方面展開合作。

　　另外，Waymo 自駕車的道路測試里在 2018 年 10 月程突破了1 千萬英里（約 1,600 萬公里）。與此同時，其進行了長達 70 億英里（約 112 億公里）的自動駕駛模擬，並支援了道路測試。此外，Waymo 最近獲得了加州車輛管理局核發的不需要任何駕駛人及輔佐人的完全自動駕駛的試駕執照，並於同年 12 月開始在亞利桑那州鳳凰城提供自駕車商用服務。

　　至於中國最大的搜尋平台企業百度，最近幾年也在加快發展包括人工智慧在內的自駕車事業。有別於 Waymo 透過自主開發技術及測試蒐集數據，百度是利用一個叫「阿波羅」（Apollo）的開放平台，藉由與第三方企業合作獲取數據，並根據這些數據提升技術。2017 年，百度發表啟用「阿波羅計畫」，其最終目標是在2020 年之前製造出全自動駕駛車。2018 年 1 月，百度發表了與中國國有企業江淮汽車、奇瑞汽車、北京汽車等企業針對未來兩年的

自駕車共同量產所做的相關協議。百度最近也決定,將在未來幾年內與瑞典的Volvo合作量產Level 4的中國內銷用自駕車(計程車)。這麼一來,Volvo自然將會開始使用百度的阿波羅平台,而Volvo也將與百度共享汽車生產的技術。

到目前為止,引領自駕車市場的企業,皆是引領第四次工業革命的Google、百度、輝達等龍頭企業。綜觀現階段的情況,我小心做了這樣的結論:需求即將暴增的自動駕駛領域,很有可能成為使第四產業的龍頭企業利潤增長及股價暴漲的契機,而對現有的整車企業來說,這將很有機會為它們的事業版圖帶來巨大的變化。

03 物聯網與 5G 開始急遽發展
金洪植分析師

擴散背景

　　物聯網指基於網際網路將人類、物體、服務等分散的組成要素全部連結起來，並且進行溝通的智慧型技術及服務。也就是說，物聯網是賦予所有機器生命的基礎。物聯網也被評價為能夠與人工智慧等未來技術結合，大幅提高產業生產力。另外，由於其應用領域範圍非常廣泛，涵蓋智慧家庭、智慧車輛、智慧家電、穿戴式裝置等，物聯網可以說是促進第四次工業革命發展的關鍵動力。物聯網大致可以分為芯片、感測器、機器、網路、平台、服務領域。雖然初期的技術發展以感測器與芯片為主，但近幾年開始，重心逐漸被放在服務與應用上。感測器技術之所以重要，是因為我們可以利用安裝在機器上的感測器蒐集用戶數據，進而提供客製化服務。最近的感測器不再只是生成溫度、濕度、熱、瓦斯等獨立資訊的感測器，而是內建了處理器，能自行判斷並處理資訊的智慧型感測

器。隨著各種型態的智慧機器登場,能優化儲存、處理物體之間的資訊,並依服務目的幫助使用者的服務介面技術也在日益發展。此外,由於物聯網具有「超連結」的特性,平台與應用領域也會變得越來越重要。今後,平台必須要能夠與各種機器連動,產品才會有競爭力。

根據 IT 市調機構 Gartner 預測,物聯網市場規模將會在 2020 年突破 1 兆 2,000 億美元,且將被廣泛用於從穿戴式手環到智慧家電、工廠控制裝置、智慧城市、醫療用儀器、互聯汽車等各個領域。

跨國IT企業正在集中投資物聯網

各界都預測物聯網市場將飛速成長,也因此,各大 IT 企業為了取得核心技術所採取的行動也日漸引人關注。特別是 2016 年 7 月,日本軟銀看準物了聯網市場,以 234 億英鎊收購了 CPU 設計企業安謀控股(ARM)。此舉是日本企業與英國 IT 企業的收購案中有史以來規模最大的一筆交易,因此引起了熱議。安謀是一家專門設計搭載於全球智慧型手機及平板電腦等行動裝置CPU 的企業,因此有很大的優勢,也很適合攻略物聯網硬體企業。此外,安謀還收購了 Offspark 等物聯網安全軟體企業,在物聯網領域嶄露頭角。在收購安謀之後,軟銀現在的目標是拓展物聯網事業,並結合物聯網與其主要的手機事業。相信這對立志成為綜合網際網路企業的軟銀來說,會是個促使其成長的關鍵動力。

我認為現在也是集中投資全球最大的半導體企業英特爾旗下的物聯網的大好機會，因為與物聯網相關的半導體市場正在高度成長。我相信隨著自駕車、無人機、人工智慧等各種物聯網產品陸續登場，對物聯網半導體的需求也會跟著增加，而各大企業為了在物聯網領域搶占技術領導地位，針對這個領域的投資占比也將呈現持續增加的趨勢。

此外，像是「全球最強的記憶體半導體企業三星電子與位居第二的海力士（Hynix）為了未來的長期成長，也應該集中投資非記憶體半導體，特別是與物聯網和第四產業相關的半導體與感測器」這樣的專業意見也變得越來越有說服力。

亞馬遜擁有能夠鞏固其市場主導地位的雲端運算技術「AWS」（Amazon Web Services）。亞馬遜力求搶占物聯網市場，並推出了各種物聯網設備，例如「Dash」按鈕（只要用戶按下按鈕，就能馬上購買指定的商品），以及「Echo」、「Echo dot」等智慧喇叭。

Google 的母公司 Alphabet 目前也在積極投資物聯網。2014 年，Alphabet 以 32 億美元收購了智慧家庭專門企業 Nest，並推出了內建「Google Assistant」的「Google Home」。

物聯網：通訊產業未來的動力來源

如果想建立物聯網，就必須要有感測器從物體與周圍環境獲取資訊，也需要有近距離通訊、有線與無線通訊和網路支援物體連

上網際網路。再來還會需要負責加工、處理這些資訊的服務介面技術，以及避免大量數據及資料被入侵或外流的安全技術。由於所有物體和設備都會需要安裝感測器，通訊時又會用到芯片，感測器和芯片的需求將大幅增加，處理器的需求有望提升。

　　根據 IT 專門調查機構 Gartner，汽車的智慧型鑰匙、智慧電視、智慧型手錶、智慧型 LED 照明等都歸類為物聯網設備，而物聯網設備有望在 2020 年增加到 135 億台，這意味著年平均成長率將高達 34%。物聯網設備今後將提供我們價值高於目前正在體驗的產品及服務。

　　隨著使用物聯網的設備增加，搭載於設備的感測器、通訊相關芯片和處理器的市場應該也會跟著成長。2020 年，搭載於物聯網的半導體有望達到 293 億個，預計年平均增加 35%，其增長率應該會與物聯網設備旗鼓相當。這段期間，與物聯網有關的半導體市場規模有望達到約 304 億美元，年平均增長 24%。不過，只有半導體價格下降，將其搭載於設備的負擔才會減少，也因此與物聯網相比，相關半導體的出貨額增長率當然會比較高。由於在半導體領域中，很少有企業能在 2020 年之前實現高達 24% 的年平均成長率，我認為這個領域深具潛力。

逐漸發展的物聯網市場

　　家庭物聯網服務是我們目前最能切身感受到的代表性物聯網

服務。雖然國內外企業目前還很難以此獲利，但考慮到未來的潛力，企業們正為了搶占初期市場，展開激烈的競爭。

隨著自駕車商用化，物聯網服務應該也會得到提升。在安全與能源領域，物聯網已經普及了。安全領域的企業們正在拓展綜合性安全管理服務（進出控管、設備管理、維修維護、能源管理、出動），而能夠連動電信公司網路的安全設備也在蓬勃發展中。

另一方面，能源領域也在各國政府的鼓勵政策與對相關產業的推動之下活躍發展。利用大數據與物聯網技術推動節約能源的智慧能源事業逐漸成為了重點事業。隨著電動車市場成長、充電基礎設備快速發展，這項事業也受到了越來越多人的關注。

至於最受矚目的醫療保健和交通、汽車領域，雖然還未全面使用物聯網，但是隨著解決方案得到改善、政府訂定法規、收費體系建立等，各界都非常期待物聯網全面蓬勃發展。醫療保健領域將因為有遠程診療扶植政策，且能利用穿戴式裝置提供健康管理服務，而進一步得到發展。交通、汽車領域雖然還停留在電子門鎖遙控、遠程停車、位置確認服務等初期物聯網服務階段，但隨著即將迎來的無人駕駛時代，我們將邁入基於具有總管交通、管制、資訊、娛樂功能網路的智慧時代。

除了人們開始使用合作智慧運輸系統（C-ITS）、自駕車的開發進入競爭白熱化，5G 網路商用化也將促進物聯網的發展。我們甚至可以說物聯網服務的發展與 5G 網路的發展是同時進行的，因為如果物聯網服務擴散到行動裝置，LTE 將會在速度、換手

（handover）、相互響應時間方面遇到困難。換句話說，為了使用穿戴式裝置、汽車等先進物聯網服務，就必須要有沒有流量延遲、速度足以處理 Giga 數據的 5G 網路。

5G與物聯網

雖然直到不久之前，只有少數人會連結 5G 和物聯網，但最近大多數通訊業界人士都認為，由於 5G 在技術層面進行了各種優化，有一天終究會成為物聯網的核心基礎設備。

5G 超低延遲技術的定義

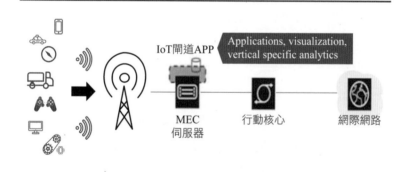

資料：韓亞金融投資

　　首先，5G 網路能解決速度延遲、斷線等會妨礙建立物聯網的因素。5G 能透過 Short TTI[6]、多重無線存取技術（Multi-RAT）、

---

6 Time To Interact，交互時間。指用戶從開啟到能夠使用頁面功能的響應時間。

車對車直接通訊、波束間快速換手等技術消除網路斷線的問題。就現實層面來說，要以目前的 LTE 網路駕駛自駕車是有困難的，LTE 網路不僅速度也慢，更大的問題是其響應速度慢；但 5G 的響應速度預計會少於 0.001 秒，是 LTE 延遲速度的 50 分之 1。

從連結觀點分析 **4G** 和 **5G** 的差異

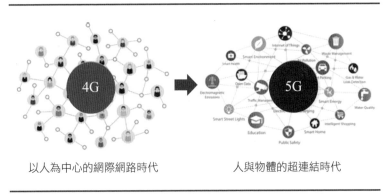

以人為中心的網際網路時代　　　　　人與物體的超連結時代

資料：韓亞金融投資

再來，5G 時代能實現多台裝置間的網路連結。5G 網路可以分配給多台流量性質不同的裝置，也能透過 mmWave 寬頻通訊技術使用高頻段。目前 LTE 使用的頻段是 700MHz ～ 2.6GHz，但如果是 5G，就能再使用屬於 mmWavev 頻段的 24 ～ 40GHz。使用數百 MHz 以上的寬頻不僅能提升速度，還能實現裝置之間的超連結。5G 將會把目前為止網路上人與物體之間的對話，轉換成物體與物體之間的對話，實現以無線驅動所有物體的通訊。我相信 5G 將會

成為促使穿戴式技術、自駕車等先進物聯網服務擴散的關鍵。

　　一直以來，我們都是出於特定目的而發展出新的網路。2G 是為了清晰的語音通訊而被開發出來的；LTE 會進入市場則是為了建立能完美支援我們觀賞影片的數據根基；而開發 5G 的目的非常簡單，就是為了使物聯網普及。

行動電話各階段的進化目的

資料：韓亞金融投資

自駕車驅動系統網路

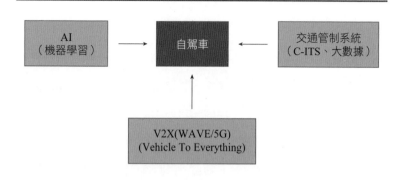

資料：韓亞金融投資

大部分的市場參與者都認為，5G 極有可能被用於先進物聯網服務網路。此外，也有不少人都在討論物聯網會在運輸系統中扮演什麼樣的角色。實際上，5G 目前已經被用於 V2X（Vehicle to Everything）自駕車通訊系統。順道一提，用來串聯多台裝置的 5G 大規模物聯網系統也正處於建立階段。

5G技術與相關產業的發展前景

如同上一段所提及的，全球都在討論物聯網將在運輸系統中所扮演的角色，我們也可以說是正式進入了大規模物聯網的建立階段。未來，我們將很有可能變得能用 5G 控制所有物體，5G 網路也很有可能被用於先進物聯網。因此，5G 正在即將支配未來 20 年的全球物聯網爭霸戰中逐漸成為核心，「華為變成了美中貿易戰爭端的核心」就是一大徵兆，5G 已經被認為是物聯網的核心基礎設備了。

目前，5G 還停留在提供混合現有 LTE 網路與部分基於 3.5GHz 的 5G 網路階段，也就是 NSA（non stand alone，非獨立網路）商用化階段。但 5G 有望在不久之後踏入 SA（stand alone，獨立網路）時代，同時提供 3.5GHz 與被稱為理想頻率的超高頻頻段 28GHz。這是因為隨著今後流量增加，很有可能在 2021 年就出現頻率不足的問題，而且除了發展技術外，未來還會需要建立相關制度的關係。

英特爾的未來自駕車構想圖

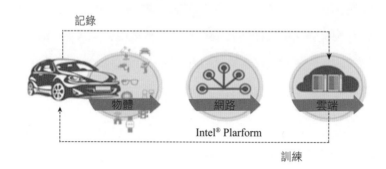

資料：英特爾、韓亞金融投資

LG U+ 在市區展示自駕車行駛實例

資料：媒體報導、韓亞金融投資

隨著高通、英特爾、三星、華為、NOKIA 之間的 5G 競爭加劇，能用於自駕車與智慧工廠的 5G SA 設備很有可能會陸續登場，也就是說，邁入物聯網時代所需的 5G 時代即將來臨。另外，各國政府目前也正在建立相關制度，我們需要特別仔細觀察各國政府的高頻分配政策。繼韓國之後，美國也結束了 20GHz 以上的超高頻頻段競標，預計再過不久，日本、中國等大多數的國家也會開始分配頻段。

3GPP[7] 5G 獨立網路 (SA) 和非獨立網路 (NSA) 的比較

獨立網路 (Stand Alone)	非獨立網路(Non Stand Alone)	
連結 連結Ａ	連結　　連結 Ａ 連結　連結 Ａ	連結　　連結 Ａ 連結　連結 Ａ
連結5G核心網與 5G新無線電(NR)	連結LTE核心網路(EPC)與LTE無線網路、新無線電(NR)（控制信號連結LTE無線網路）	

資料：媒體報導、韓亞金融投資

雖然還是初期，但目前已經有企業開始提供 5G 物聯網服務

---

7 3rd Generation Partnership Project，第三代合作夥伴計畫。3GPP 是一個標準化機構，致力於制定與實現全球性的行動通訊技術規範。

了。舉例來說，2018 年 12 月，韓國 SK 電信決定供應汽車零件公司可以用來檢測瑕疵品的「AI Machine Vision」服務；以及 2019 年 3 月，LG U+ 在市區道路上展示 Level 4 自駕車行駛。雖然目前仍只有少數市場參與者堅信 5G SA 服務會在不久之後商用化，但 5G SA 其實很快就會進入我們的生活。如果 5G SA 網路商用化，現實中就會出現電影般的世界，因此非常備受矚目。如果考慮到流量增加的速度、網路設備的開發情況、政府法規，5G SA 網路快的話很有可能會在 2020 年實現商用化。

現在，不僅是電信公司、網路設備公司、終端與 IT 零件公司，就連汽車、工具機企業都積極想要採用 5G SA 網路。這是因為 5G SA 和 5G NSA 不一樣，能夠完美地支援物聯網。打從一開始，5G 就是為了實現所有物體之間的無線連結而設計的，現在隨著韓國三大電信公司及美國各電信公司取得的頻段範圍擴大，我們開始能串聯無數台裝置。也就是說，我們變得能建立真正的物聯網了。也因此，電信公司與製造商正在加快應對 5G SA 的速度。

其實，我們很難視 5G SA 以上的網路為手機專用網路。因為 5G SA 網路不僅實現了將所有物體連結到網路的超連結，還運用了以劃時代的響應速度為傲的超低延遲（ultra-low latency）技術。簡單來說，5G SA 網路是與人工智慧、大數據相連的網路，也是最適合拿來發展物聯網的網路，能夠被應用於自駕車、智慧工廠、智慧城市，如果只用來支援手機實在是太可惜了。

5G SA 服務可能會來的改變

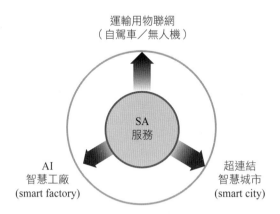

資料：韓亞金融投資

　　5G 服務預計會在極為廣泛的領域創造收益。雖然電信公司目前提供的 5G 核心服務看起來只有 HD 和 VR，但我們可以預計在接下來的兩年，初期自駕車、穿戴式裝置、智慧工廠、遠程診療、智慧城市將會在市場大放異彩，並為通訊產業帶來銷售貢獻。自從專線市場成長以來，其 B2B 市場一直未能發展出明顯的商業模式，但在 17 年後的今天，其將再次為下一波的成長做準備。在 B2C 市場，全像投影、智慧型手錶、智慧眼鏡、智慧型手機等新一代裝置將很有可能大大地改變以手機為中心的行動電話市場，而這樣的變化是 3G、4G 無法比擬的，因此我預測 5G 有望創造出相當於 2G 時的銷售成績。

5G SA 時代的展開，意味著我們進入了第四次工業革命的基礎設備全面發展的階段，也代表物聯網將持續地發展下去，而其相關的需求也將大幅增加。因此，壟斷了第四產業基礎設備與平台的企業將有望繼續成長。這就是為什麼我們要了解並考慮長期投資第四產業的龍頭企業的原因。

04 平台企業將主導第四次工業革命

黃勝澤分析師

　　儘管市場競爭激烈，Alphabet（Google）、亞馬遜、微軟、Netflix 等跨國平台企業的市場力量仍在不斷擴張。這些企業的優勢，是它們能夠透過現有的事業成果以及穩定的資金來源，比競爭對手更快、更積極地投資新技術。這些企業正不斷地藉由投資與收購累積技術，並且正致力於反覆測試，以確保市場性。這些企業近幾年也在今後將主導以人工智慧為基礎的自動駕駛、雲端、智慧家庭等第四產業領域。這些企業不僅已經在今後將蓬勃發展的主要領域具備了壟斷性平台，還實現了高度的銷售成長。

維持穩定的市場力量，並創造利潤

　　我們也能從近期的業績確認跨國平台企業正在穩定創造利潤。2018 年第四季度，五大平台企業的平均營收同比增長了 22.3%，營業利益也增長了 19.5%。這些企業在廣告、商業、內容、

雲端服務方面擁有壓倒性的市場力量。根據各種公開指標，我們應該能對這些企業未來的業績抱持期待。

全球平台企業 2018 年第四季度業績現況

（單位：百萬美元，%）

	Netflix	微軟	Alphabet	Facebook	亞馬遜
營業收入	4,187	32,471	39,276	16,914	72,383
YoY	27.4	12.3	21.5	30.4	19.7
營業利益	216	10,258	8,203	7,820	3,786
YoY	−11.8	18.2	7.0	6.4	78.0

* 備註：Alphabet 的營業收入中包含流量獲取成本；
　　　 YoY(Year on Year) ＝今年與去年同期相比的成長（衰退）率。
資料：各企業、韓亞金融投資

　　扣除 2018 年第四季度的流量獲取成本 [8]，Alphabet 的營收比去年同期上升了 23%，營業利益則增長了 7%。另外，由於人工智慧的精密定向正在擴大 Alphabet 廣告部門的市場力量，其廣告收入的「基本廣告點擊數」也同比增長了 66%。其未來的營收有望保持穩健增長。

　　而因為用戶個資外流問題而頭痛不已的 Facebook 也維持著良好的業績。以廣告為主的去年營收同比增長了 30%，營業利益則增長了 6.4%。令人振奮的是，SNS 基本面改善的核心「使用者指標」

---

8 維持網站流量所需的成本。

正在被改善。Facebook 第四季度的每月活躍用戶人數（MAU）同比增長了 9%，環比增長了 2.2%，單位用戶營收（ARPU）也同比增長了 19.3%，呈現健康的狀態。此外，隨著 Instagram、WhatsApp 等 Facebook 之外的平台使用者增加、商用化水平提高，Facebook 的業績有望穩定成長。

Google 的有效點擊數持續在增加

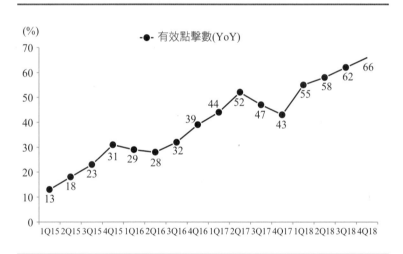

資料：Alphabet

在市場擔憂下，Facebook 的流量仍在穩健增長

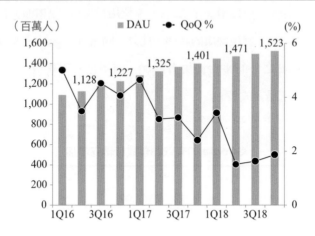

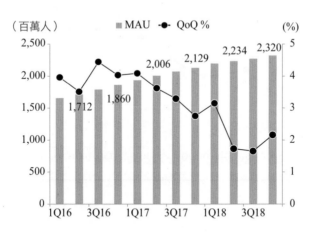

* 備註：DAU ＝每日活躍用戶人數；MAU ＝每月活躍用戶人數；QoQ(Quarter on Quarter)
　＝一個季度和上一個季度相比的成長（或衰退）率。
資料：Facebook

　　亞馬遜的業績一樣也超出了市場的期待。其營收同比增長了近20%，營業利益甚至增長了78%。在傳統商業模式，即零售部門，亞馬遜北美市場的營收同比也增長了18%，海外市場的營收則增長了16%，兩者都在保持穩定成長。而在2017年市場規模達390億美元，且估計2026年會增長到2,000億美元的印度市場，亞馬遜的市占率達到了35%（初步估算），這意味著其市場力量正在擴大。因此，亞馬遜在全球商務市場的發展前景相當明亮。此外，亞馬遜擁有壓倒性的市場力量的雲端部門的營收增長了45%，營業利益增加了61%。至於預計會變成中長期成長過程中重要一環的其他部門（包含數位廣告）營收也同比增長了97%，且持續高度成長。

　　微軟的營收同比增長了12%，營業利益增長了18%，而其主打商品雲端服務「Azure」同比也增長了76%，提升了整體業績。

技術將不斷進步

　　2016年，與圍棋有關的人工智慧AlphaGo登場後，原本局限於部分跨國企業的人工智慧研究與投資擴散到了全球，並進入了快速成長階段。隨著人工智慧技術的完成度被提高，開發時所需的高品質大數據也變得越來越重要了。另外，原本只具單一目的的人工智慧也漸漸具備泛用性，人工智慧現在被更精準地應用於各個領域。現在，人工智慧軟體正在不斷發展、進步，而相關硬體設備也快速地在進化。Google、亞馬遜、微軟等全球龍頭企業正基於自身

經年累月的人工智慧技術，提升服務與產品的品質競爭力。

雲端帶動亞馬遜和微軟成長

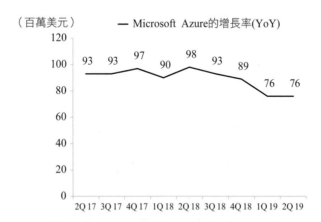

資料：亞馬遜、微軟

　　至於在雲端服務市場，想要透過人工智慧提供服務的需求也在持續增加。雖然亞馬遜的 AWS 已經開始提供泛用性極高的「所有開發人員都能使用的 AI 工具」等產品，但隨著對更實用且具體的人工智慧服務的需求增加，能滿足這些需求的雲端服務市場有望擴大。此外，近幾年為了分散風險、提高效率，多雲（Multicloud）服務的需求也在增加。多雲指的是為了分散風險，使用由多家雲端廠商供應的多個公用雲或私有雲構成的雲端空間。隨著多雲服務擴散，為了有效管理費用和資源，Rightscale 等雲端託管服務商（Managed Service Provider，簡稱 MSP）的價值也將跟著上升，或也將成為被收購的對象。2018 年 10 月，IBM 就以 340 億美元收購了開源軟體、混合雲、多雲服務的代表企業「Red Hat」，並表示其混合雲事業的目標是成為世界第一。順帶一提，巴菲特旗下的波克夏海瑟威也在 2018 年購買了 Red Hat 的股票 420 萬股（約 7 億美元），各位讀者可以參考看看。

Google（Alphabet）：從「人工智慧優先」到「所有人的人工智慧」

　　被公認是人工智慧領頭羊的 Google，目前正在積極進行投資。Google 持續將總營收的 15% 左右用在研發上，光是 2018 年的第四季，Google 就投入了高達 60 億美元的研究費用。其透過持續投資累積的人工智慧技術早已在搜尋、AI 助理、自動駕駛等各個領

域取得了成果。雖然目前只限美國亞利桑那州鳳凰城郊外的四個地區，但 Google 的 Waymo 已經從 2018 年底開始提供商用的自駕計程車服務，並自主開發核心零件「光達」，降低了製造成本。Google 最近更透露，其計劃進一步在物流、安全、移動機器人等非自動駕駛領域供應光達。因此，市場預估 Waymo 未來的營收將快速增長；瑞銀預測 Waymo 2030 年的營收將達到 1,140 億美元；摩根史坦利則預測 Waymo 未來的企業價值有望達到 500 億至 1,750 億美元。

Google 持續將營收的 15% 左右投資在研發上

資料：Google

另外，我們能夠從 2018 年 5 月舉辦的 Google 開發者大會「Google I/O 2018」看出 Google 追求的技術發展方向。2017 年，

Google 的理念是「人工智慧優先」，也就是將人工智慧放在第一順位，並以累積相關技術為目標；到了 2018 年，其理念為「所有人的人工智慧」，也就是讓累積至今的人工智慧技術與現實生活的關係更加密切，進一步促使人工智慧被更廣泛地使用。大會上還介紹了人工智慧技術如何被運用於自動駕駛及其他各個領域，其中最受到矚目的兩大焦點，是會像人類一樣說話的 Google Duplex，以及 Google 在醫療領域中令人刮目相看的成果。

Google Waymo 的自駕計程車和其自主開發的「光達」

資料：Google Waymo

　　Google Duplex 是一種能用真人的聲音，與使用者持續進行日常生活對話的人工智慧，其被搭載於 Google Assistant 提供用戶使用。Google 在開發者大會上實際展示了使用流程：只要使用者指示搭載了 Duplex 的 Assistant 預約美容院，Assistant 就會打電話給美容院，接著像是真人在親自預約一樣進行對話、完成預約。Duplex 的核心技術是基於匿名電話數據訓練出來的 RNN 網路，除了 Google

的自動語音辨識技術（ASR）的輸出，RNN 也能利用語音輸出、對話紀錄、對話參數等來建構。這種人工智慧在技術層面當然不具泛用性，因為其目的為完成預約這種特定類型的任務。但在不久後的將來，我們將會不曉得自己是在跟人還是人工智慧通話。

Google Duplex 的服務流程示意圖

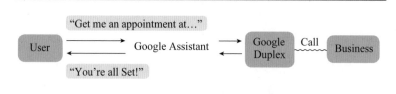

資料：Google

Google 的 AI 可利用眼球 (視網膜) 的照片預測心血管疾病

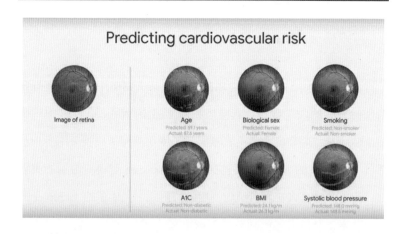

資料：Google I/O 2018

在醫療保健領域，Google 也正在朝有意義的方向邁進。2016年，Google 開發了一種能利用眼球的照片感測出糖尿病視網膜病變徵兆的人工神經網路。其針對 9,968 名對象做的實驗結果顯示，該技術（敏感度等指標）已達到 8 名一般眼科醫生的平均值以上。2018 年，Google 在開發者大會上宣布，他們已經將這項技術發展到了能利用眼球的照片，高度預測出特定患者的心臟麻痺或腦中風等心血管疾病的發生機率；同時，其也展示了為聽障人士顯示每個演員的字幕的技術。Google 也表示計劃將人工智慧應用於更先進的醫療服務與疾病預測。

亞馬遜：以Alexa為代表的人工智慧

2019 年 1 月，在全球最大家電展 CES 開始前，亞馬遜宣布其售出了一億多台 Alexa。Alexa 是亞馬遜於 2014 年推出的人工智慧助理，其搭載了廣為人知的「Echo」系列人工智慧喇叭，並且會提供購物等各種不同的「技能」，而美國市場光是在 2018 年 3 月就已經有 3 萬個 Alexa 技能。2018 年，每天使用亞馬遜 Alexa 的使用者數與持有一台以上亞馬遜Echo 裝置的使用者人數多了一倍以上。另外，隨著銷售範圍從美國、加拿大、英國、澳洲等使用英語的國家，擴大到法國、義大利、西班牙、墨西哥等國家，Alexa 也開始學習新的語言。目前有許多硬體製造商搭載了 Alexa，其範圍涵蓋汽車、電腦、智慧型手機、智慧家庭設備。這裡有一個重點，那就

是亞馬遜藉由出售搭載 Alexa 的設備，得以多獲取數十億個數據來源，而基於這些大數據，Alexa 將會變得更聰明，亞馬遜人工智慧的根基也將變得更鞏固。

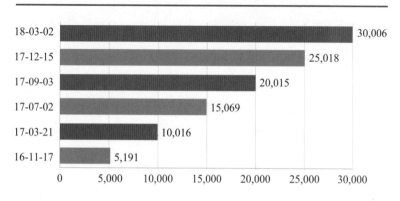

在美國市場提供的 **Alexa** 技能

日期	數值
18-03-02	30,006
17-12-15	25,018
17-09-03	20,015
17-07-02	15,069
17-03-21	10,016
16-11-17	5,191

資料：voicebot.ai

　　另一個能幫助我們確認亞馬遜的 AI 技術水準的例子還有使用了深度學習、感測器融合、電腦視覺等技術的「Just Walk Out Technology」無人商店「Amazon Go」。Amazon Go 於 2018 年 1 月在西雅圖正式向大眾公開，目前在芝加哥、舊金山等地營運七個店鋪。雖然店鋪規模小、面積大約 232 平方公尺以下，但這些店鋪目前正在測試將在未來用於大型賣場的技術。另外，部分新聞曾經提及，亞馬遜正考慮在所收購的全食超市（Whole Foods）或機場等地使用相關技術，以提升適合用於大型店面的技術。也有人預測，

亞馬遜可能會將 Amazon Go 的無人商店技術應用於遍布全國的加油站，以同時經營無人加油站和無人商店，並將其當作物流據點。除了擴大零售超市的市占率，亞馬遜如此堅持無人商店拓展策略的另一個原因，是因為此一策略將更容易獲得高品質的消費者數據。比起只分析網購數據，亞馬遜採取的策略是從消費者走進店裡的那一刻開始就跟著消費者的動線，分析消費者看過的產品、掌握消費者對各種產品的喜好，並利用 AI 分析消費者購買（或放回去）的產品後，進一步將獲得到的數據用於商品銷售或行銷。

2018 年 9 月亞馬遜新推出的各種 Alexa 裝置

資料：亞馬遜

Amazon Go 技術示意圖

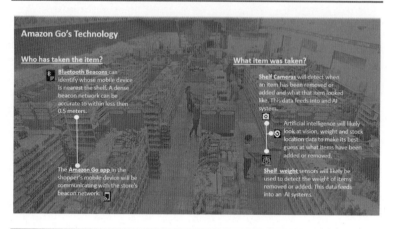

資料：亞馬遜、Systems+

微軟：從「雲端優先」到「人工智慧優先」

　　自從行動生態圈登場、電腦市場陷入低迷，微軟就一直處於低谷，直到薩蒂亞‧納德拉（Satya Nadella）上任 CEO，並在 2014 年強調「雲端優先」之後，微軟才脫離了危機。2014 年 3 月，廣為人知的「Windows Azure」雲端服務變成「Microsoft Azure」，微軟開始正式提供 Windows 領域以外的雲端服務。2015 年之後，Azure 服務的業績增長率平均超過了 70%，變成促使微軟成長的一大動力，最近其總市值甚至位居第一，展現出了壓倒性的氣勢。繼雲端服務後，微軟正在建立新的持續成長策略。2018 年，薩蒂亞‧納德拉宣布了將「雲端優先」改為「人工智慧優先」的新成長策

略，他也在發表業績時提到「使用了人工智慧的『智慧邊緣』的核心將成為人工智慧」，而這可以說與最近成為話題的「智慧雲端」（Intelligent Cloud）策略是相通的。

微軟的智慧雲端示意圖

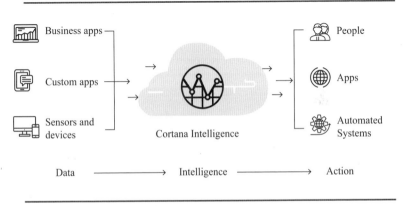

資料：微軟

　　2018 年，微軟發表了新一代混合實境（Mixed Reality，以下簡稱 MR）「Hololens 2」，並於 2019 年 2 月底開放預約。如果說 VR 會遮蔽視野並使用獨立的顯示器，那 MR 就是在現實空間添加虛擬資訊。微軟在 2016 年上市的「Hololens」就可以在 Windows 10 環境下實現混合實境，雖然這點吸引了市場的關注，但它也有使用者需要轉換、視野狹窄、重心向前傾等問題；而 Hololens 2 以「重心較為平衡、視野變得寬廣、裝置的操作被改善得更直觀」為人所知。此外，有別於 Hololens，Hololens 2 比較像是瞄準了企業

市場。微軟展示了將 Hololens 2 解決方案用於工地、手術室等產業現場的情況；為了能在各個產業創造出附加價值，微軟也透過開放式生態圈提高了產品的活用度，並發表以企業為對象的 MR 技術。此技術有望透過與 Azure 服務連動創造綜效。

　　關於目前在各個領域壟斷性地引領平台的第四產業第一名企業，將會在第二部分有系統地依類別為各位讀者做詳細的說明。

微軟的 Hololens 2

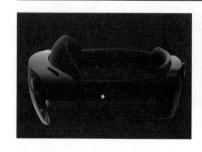

資料：微軟

05 半導體將迎接新的週期

金敬敏分析師

透過單晶片化，變得越來越像人腦的半導體

第四次工業革命比預想的還快到來。電腦與網際網路加速了第三次工業革命，半導體則是提升了電腦性能的核心要素。多虧了有半導體，我們才能開發出聽得懂人類指令（自然語言）的電腦（機器）。第四次工業革命很有可能會由人工智慧主導，但半導體所扮演的角色不會因此受到影響。半導體的體積將會變小、性能將被提升，並促使第四次工業革命提早到來。

隨著第四次工業革命到來，半導體與人工智慧相遇的第一個例子就是會思考的（認知）計算時代的降臨。隨著電腦運算技術的發展，半導體在硬體方面會單晶片化（記憶體＋非記憶體），在軟體方面則是會強化機器學習。

半導體單晶片化，意味著半導體將會變得像人腦一樣。在第三次工業革命，半導體可以分成儲存裝置（記憶體）與計算處理（CPU）。到了第四次工業革命時期，要是記憶體與非記憶體單晶片化一起被搭載於半導體，半導體就會變得能像人腦一樣，能夠綜合處理資訊。

除了半導體單晶片化之外，另一個備受期待的發展領域是神

經突觸。從長期來看，由與人類細胞相似的「cell」構成的半導體芯片將會像人腦一樣，使用人工神經網路與突觸（神經細胞的軸突末梢與其他神經細胞連結或傳達信號的部位）技術。如果半導體的構造變得像是由神經網路與突觸構成的人腦，那半導體將會能夠同時進行各種計算。

三星電子的 **ePoP** 概念圖

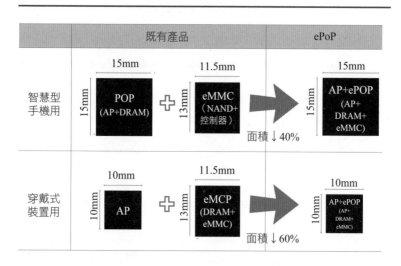

資料：samsungsemiconstory、韓亞金融投資

半導體單晶片化是現在進行式。三星電子目前正在開發的「ePoP」（Package on Package）就是一種將記憶體半導體與非記憶體半導體堆疊成一個的技術。這個概念雖然聽起來很簡單，但要

量產卻很困難，ePoP 將會在穿戴式裝置裡同時搭載記憶體半導體（DRAM、NAND）和非記憶體半導體（控制器），這麼做能節省將近一半的面積，因此能做出更輕薄的設計。除了穿戴式裝置，這項技術也預期能用於智慧型手機、輕型機器人。

英特爾與輝達之間的激烈競爭

除了三星之外，英特爾也很有可能會進行半導體單晶片化。英特爾不只擁有研發能力，還擁有記憶體與非記憶體半導體生產線，其在非記憶體領域收購了擁有 FPGA 與先進駕駛輔助系統技術的企業，並與美光科技（Micron）合作，共同經營包括 NAND Flash、3D X-point 的記憶半導體事業。2018 年，英特爾與美光科技宣布結束在記憶體半導體領域研究開發、共享生產線、供應晶圓的合作關係，只留下了晶圓供應契約，我認為英特爾最終會自主經營記憶體半導體事業。

另一方面，在人工智慧用非記憶體領域，英特爾與輝達激烈的競爭預計會持續下去。英特爾自稱在第三次工業革命扮演了如同大腦般的角色，因為其 CPU 不僅被用在電腦，也被用於伺服器。不過，由於受到了 AI 技術發展的正面影響，輝達的 GPU（Graphic Processing Unit，名字來自輝達推出的 GeForce）的使用範圍已逐漸超過了英特爾的 CPU。CPU 與 GPU 最根本的差異在於運算順序，CPU 的計算方式是循序計算，而 GPU 採用的是平行計算。如果以

小學教室做比喻，CPU 是解題速度快的老師，GPU 則是雖然速度沒有老師快，但會做四則運算的數名學生。GPU 以前通常是被用在顯示器上協助呈現影像，但是 GPU 能同時進行各種計算（即平行計算），還能有效預測出各種可能性，因此也能用來讓人工智慧下圍棋，廣為人知的人工智慧 AlphaGo 就同時使用了 CPU 以及 176 個 GPU。

伺服器用處理器市場目前形成了輝達與英特爾競爭的局面，並且預計會持續下去。近來，輝達收購了 Mellanox，將客戶能選擇的投資組合範圍擴展到了 GPU 以外的產品。Mellanox 的主要產品是英特爾也在經營的 InfiniBand（一種能夠用來連結高性能伺服器與儲存設備的技術）。雖然 Mellanox 的 InfiniBand 年營收只有 8.6 億～10.2 億美元，銷售貢獻並不大，但其有望在輝達的伺服器用處理器事業成為一股助力，因為 Mellanox 的客戶中包含了各大伺服器與雲端服務企業，像輝達本身就曾是 Mellanox 的客戶，其他像是在輝達提出收購案之前，也曾表示有意收購 Mellanox 的微軟和英特爾也都是 Mellanox 的客戶。

儘管輝達與英特爾預計會在伺服器用處理器市場展開角逐戰，但是我預測在自動駕駛市場，輝達應該會占優勢。輝達的自動駕駛用驅動程式 PX 2 使用了 2 個 Tegra 芯片和 2 個 GPU，這 4 個處理器每秒會完成 25 兆次計算，相當於同時運轉 100 多台搭載了英特爾 CPU 的高性能電腦。如果人工智慧未來被全面用於自動駕駛技術，輝達的 GPU 有望變得更加重要。

搭載於 CPU 和 GPU 的核心數量比較

* 備註：CPU 會透過數個核心循環並快速進行運算；而 GPU 會透過數百、數千個核心，同時
　　平行處理大量運算。
資料：韓亞金融投資

輝達在 2019 的消費電子展（CES）公開的新產品 Geforce RTX 2060

資料：輝達、韓亞金融投資

自動駕駛技術與半導體

　　自動駕駛可以說是一種結合了汽車平台、軟體、人工智慧、通訊技術、感測器，以提供駕駛人安全的服務的技術。從便利性來看，自動駕駛技術非常出色。由於大部分的交通事故起因於駕駛人的失誤，如果自動駕駛技術普及，搭載於自駕車的人工智慧，將會一邊蒐集道路上的各種數據一邊學習，應該能夠減少交通事故。目前也正在嘗試利用各種技術來蒐集數據，例如用 GPU 辨識影像、用先進駕駛輔助系統相機辨識影像、用輔助相機單純識別信號等，當碰到難以辨識影像的狀況時，則可以利用感測器感測周圍的數據。就跟人類會在考到駕照後練習道路駕駛，以提升駕駛能力一樣，人工智慧也會不斷學習交通資訊，進而提高安全性與便利性。

　　2019 年在消費電子展等國際大會登場的自動駕駛技術，等級差不多在 Level 1～5 中的 Level 2～Level 3。這意味著目前的自駕車只實現了一部分的自動駕駛，只能在訂好的路線、直線道路、燈光反射不那麼嚴重的夜間行駛，完全的自動駕駛預計要到 2030 年左右才會被實現。

　　在自動駕駛的核心技術方面，雖然輝達的 GPU 比較有優勢，但英特爾也正積極地在自駕車領域與其他企業合作，以確保不會失去主導權。

目前的自動駕駛技術開發水準處於 **Level 2 ～ Level 3** 階段

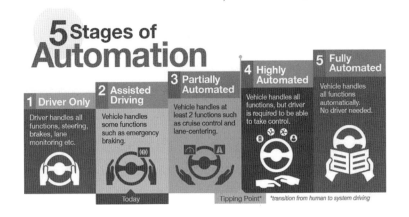

資料：美光科技、韓亞金融投資

　　在自動駕駛領域擁有值得信賴的合作夥伴相當重要，因為當在安全性倍受重視的環境中發生事故時，各公司的「責任歸屬」非常明確，如果合作關係是建立在不可靠的合作夥伴與無法信賴的系統上，合作就會變得很危險，甚至會影響企業的品牌形象與信譽。

　　2018 年就發生了一件可以證明「在自動駕駛領域，跟誰在哪個領域合作有多重要」的意外。當時，汽車共享企業 Uber 的自駕車撞到了路人，而與 Uber 合作的輝達很明確地表示「只有提供 GPU 給 Uber，並沒有提供自動駕駛平台架構」，並結束了彼此的合作關係，希望藉此與 Uber 劃清界線。

　　Uber 過去確實只有在硬體方面取得輝達的支援，其核心技術「感測」與「行駛」領域使用的是自主開發的技術，但即便有這樣

的責任分配，仍然有很多人誤會 Uber 引發的交通事故中，輝達也有責任。

　　無論是當時還是現在，儘管輝達汽車部門的營收中 Autopilot 系統的營收占比極低，而且並不是全世界所有的整車企業與汽車共享企業都和輝達百分之百合作，但只要出現關於「自動駕駛」的新聞，人們腦中就會浮現輝達或 Mobileye 等公司。搞到最後，輝達暫停了與 Uber 事故無關的自駕測試，開始投身於自動駕駛「模擬」系統事業。

　　再回到英特爾。在自駕車領域，比起提出遠大的藍圖標榜「英特爾的晶片組將百分之百支援自動駕駛」，英特爾宣布將與 BMW、華納兄弟、X-Screen 合作，旨在將自動駕駛時的乘客體驗提升到最高水平。我認為英特爾為了將自駕車乘客的使用者經驗提升到極致，特別採用了華納兄弟提供的內容。

　　自駕車的搭乘環境與飛機相似。乘客在搭飛機時會交給駕駛員駕駛，自己大部分的時間則在休息或觀看內容。如果未來實現 Level 5 的全面自動駕駛，乘客將很有可能在搭自駕車時，享受到搭飛機時的使用者經驗。

　　根據英特爾預測的前景，自動駕駛將為上下班等移動時間帶來更多空閒時間，而這些時間最後很有可能變成娛樂時間。也就是說，若以全球大城市為基準，每年預計將會增加 2 億 5,000 萬小時的娛樂時間。雖然英特爾並沒有透露這是怎麼算出來的，但我們可以透過假設人口 1,000 萬人、通勤族占總人口的 10%、250 個工作

天、每天通勤 1 小時，得出 2 億 5,000 萬小時這個數字。

　　現在，我們還很難下結論說哪種內容將會占據大部分多出來的空閒時間。假設利用自駕車通勤的人都不聽音樂、不玩遊戲，只看兩個小時的電影，每個人相當於會多看 125 部電影。英特爾估算在這種情況下，內容市場的價值約達 2,000 億美元。

　　只不過，想要把這個預測化為現實，必須先克服自駕車技術上不得不克服的難關：取得乘客對安全性的高度信任，也就是，必須要讓乘客相信「自動駕駛技術很安全，所以乘客只要負責坐在後座看電影就好了」。

英特爾和 BMW、華納兄弟合作公開的自駕車用娛樂系統

資料：Digitaltrends、韓亞金融投資

　　另外，想要完成自動駕駛技術，我們還需要 5G 通訊技術，因為能多快感測和判斷周圍的環境，並做出應對是實現安全駕駛的關鍵。為此，我們需要的第一個要素是半導體與感測器，第二個要素是周圍的交通資訊。在 5G，我們將整合了 V2V（Vehicle to Vehicle）與 V2I（Vehicle to Infrastructure）等通訊技術簡稱為 V2X。V2X 會在自駕車內透過與周圍的所有要素即時通訊，實現準確又安全的行駛。

　　最後，想要了解周邊的交通資訊，能夠與車進行通訊的周邊基礎設備相當重要。這種基礎設備不僅要能掌握十字路口的紅綠燈、交通狀況量測設備等與行駛有關的要素，還需要確認塞車狀況、天氣等資訊後通知車輛。其實，我們現在在使用的車輛用導航已經懂得確認道路交通流量後，引導駕駛人走較不塞車的路，也就是 V2I 已經有一定程度被實現了。而在 5G 時代，邊緣運算（Edge computing）也是自動駕駛領域中非常重要的一環。利用自駕車時，我們會需要讓自駕車直接連上 5G 網路、從雲端載入行駛時所需的資訊。有時候，我們會需要在雲端處理難以在車內直接處理的數據。這時，能將網路遲延降到最低的邊緣運算雲端，就必須幫我們即時處理數據，這樣基於 5G 的 V2I 通訊才算是真正地被實現。

第三章

由 **G2** 主導的第四產業創業生態圈

01 全新的創業動力與生態圈

　　產業創新始於新的技術、產品、市場、資源、人力的相互結合。第四次工業革命的根基「數位」與「網路」以全球為對象，無限擴展了市場規模。為了打開這扇充滿吸引力的市場的大門，人們的嘗試從未斷過，不僅是現有企業，就連創投公司也都開始投身挑戰。現在，創業家們為了成為創新的主角，紛紛在敲市場的大門。

　　為了使整個產業生態圈創新，必須推動創業。這是因為比起被傳統束縛的企業，勇於挑戰新事物的企業更具創新能力。現在，引領第四次工業革命的美國和中國都不吝提供各種政策上、經濟上的創業支援，尋求機會的創業家也因此蜂擁而至。

矽谷，創業聖地

　　美國矽谷被認為是世界上最理想的創業空間。不僅是美國，來自世界各地的創業家都為了打開機會的大門使出渾身解數。IT、生物科技等各種高科技產業的企業都聚集到了主導全球技術趨勢的

矽谷。

　　惠普、英特爾、蘋果、Google、eBay、Facebook 等企業都是在矽谷誕生的創新企業。這些公司的創始人主要出身史丹佛、伯克利等地區名牌大學。在這當中，我們可以說史丹佛大學為今日的矽谷做了最多的貢獻。統計結果顯示，出身史丹佛的人創立的企業營收額高達 2 兆 7,000 億美元，而從這些企業衍生出來的工作機會高達 540 萬個。此外，史丹佛本身也提供了幫助投資人與正在準備創業的學生們交流的環境。

　　矽谷的另一個特徵是創業投資（VC）及天使投資的規模很龐大。積極的天使投資能夠支撐創業初期無法創造出現金流而倒閉的新創企業。

　　2017 年，美國的創投規模為 830 億美元，占 GDP 的 0.43%。

支援新創企業籌集資金及上市的JOBS法

　　為了應對第四次工業革命，美國建立了一個 ICT 研發基本計畫「NITRD」（The Networking and Information Technology Research and Development）。其目標是選定主要 ICT 技術領域，並進行重點管理。美國正基於這個政策，大力支援矽谷的 IT 初創企業。

　　美國中小企業局不僅成立了推動創業及初期投資的基金，其還與民間機構成立了相對基金，支援規模達 10 億美元的投資。此外，美國財務部通過修訂過的新市場稅收抵免方案（New Market

Tax Credit），簡化了適用於對低收入地區的創投公司及中小企業進行民間投資時的相關稅收抵免規定。另外，美國財政部也在強化每年規模達 1,480 億美元的聯邦研發成果商用化，支援創業家成立具有創新性的創投公司、創造出新產業。美國商務部經濟發展局則在鼓勵創業家們提出創新、劃時代的點子，以加快技術商業化、建立新的創投公司、創造工作機會的速度。

JOBS 法案（Jumpstart Our Business Startups Act）就是為了幫助新創企業更容易籌措到資金，進而創造工作機會而制定的法律。制定該法律的目的是為了放寬中小企業和新創創投公司的融資限制，並幫助這些公司更容易在股票市場上市，從而擴大僱用規模。

在矽谷，人工智慧是繼物聯網之後受到矚目的未來技術領域。從矽谷的大型 IT 企業到軟體新創企業都在集中進行與人工智慧相關的研究及開發。

2015 年 12 月，美國汽車公司特斯拉的執行長伊隆‧馬斯克與加速器新創創投公司「Y Combinator」的執行長山姆‧奧特曼（Sam Altman）以共同執行長的身分，成立了非營利研究中心「OpenAI」。創立 OpenAI 的目標是避免人工智慧技術附屬於特定幾家公司、使人工智慧技術的開發不受「利益」束縛，以促進開發出健全的人工智慧技術，並公開研究成果給所有人，讓任何人都能接觸。

美國最大的電子商務企業亞馬遜最近收購了人工智慧新創企業 Orbeus。Orbeus 擁有基於機器學習解決方案「神經網路」的圖像識別技術和能透過 Rekognition 服務，自動分類圖像並存入資料

庫的技術。

像這樣，美國政府和民間機構都在拓展新的創投公司和併購市場。

全球獨角獸企業 [9]

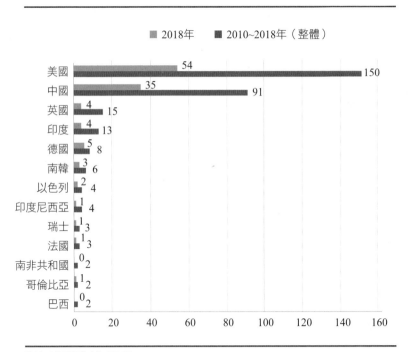

■ 2018年　■ 2010~2018年（整體）

資料：韓國軟體政策研究所

---

9 市場估值超過 10 億美元但未上市的新創企業。

引領全球股市的那斯達克

2017 年，那斯達克（NASDAQ）和新科技股帶動了全球股市上漲。這現象在美國尤為明顯。代表美國科技股的那斯達克指數的YTD[10] 報酬率比 S&P500 高出了 11.4%，是自 2009 年後所產生的最大差距。這是因為科技類股呈現了耀眼的企業業績，市場對科技類股今後的成長期待遠遠超出了其他產業。因此，不僅是 2017 年，那斯達克的上漲趨勢延續到了 2018 年。

如果觀察各指數的產業比例變化，就會發現有明顯的差異。雖然 S&P500 也是科技類股的占比最高，達到 25%，但金融、醫療保健、消費、工業等其他類股以較高的比例平均分散。反觀那斯達克指數，科技類股的占比足足超過了一半。2017 年 11 月，那斯達克中科技類股占了 54%，比前一年的 49% 增加了 5%；但消費、醫療保健、金融等其他大部分的類股卻比前一年下降了 1 ～ 2%。這是因為雖然其他類股的股價收益率大部分都比前一年良好，但科技類股遙遙領先的關係。過去一年科技股的平均股價收益率為35.4%，比排名第二的金融類股的 24.2% 高出了 11% 以上。

科技類股中，半導體和軟體對股價上漲趨勢起了很大的作用。在那斯達克指數中，半導體的股價在一年內平均就上漲了 47%，而以總市值規模為基準時，其增加了 44.4%。此外，在那斯達克指數

---

10 Year To Date 的縮寫，指的是本年度到（報表列出的）現在。

中，半導體的比例超過了 10%。

　　軟體類股的年化報酬率也平均達到了 38%。在那斯達克指數中，軟體產業的比例首次超過 30%、達到了 32.2%（+2.6%）。

S&P 500 vs. NASDAQ：2009 年後產生的最大差距

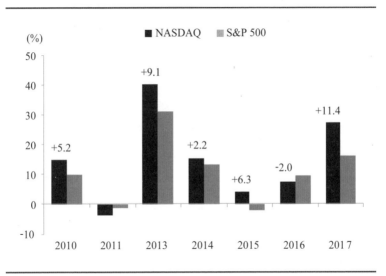

* 備註：2017 年以 YTD 為基準
資料：彭博、韓亞金融投資

NASDAQ 產業別的比例：科技業的比例比前一年增加 5%

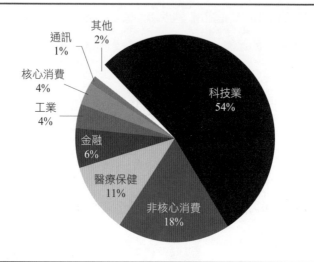

資料：彭博、韓亞金融投資

NASDAQ 指數由科技業主導

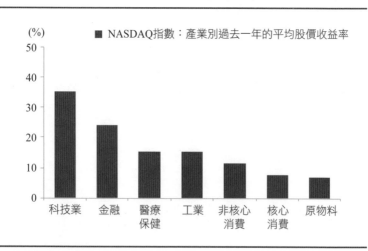

資料：彭博、韓亞金融投資

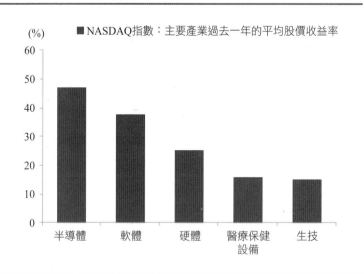

半導體和軟體股價高空飛行

資料：彭博、韓亞金融投資

那斯達克今後也會占主導地位

　　我預測那斯達克的主導地位有望保持下去，因為美國的經濟估計會保持穩健成長，市場對科技類股的營收和利益增長的期待仍高於其他產業。特別值得注意的是，主導美國市場上漲走勢的代表股票全都是開發創新技術、選擇面向未來的事業經營方式、主導「第四次工業革命」的大型科技股，即主導產業模式變化的企業。從這點來看，這些企業具有最大的成長潛力。

蘋果、Alphabet、Facebook、微軟、亞馬遜、輝達、博通、AMD 等引領市場的主要企業全都已在那斯達克上市。值得注意的是，行動革命、物聯網、人工智慧、雲端、電子商務、自駕車等目前投資活動最活躍且正在成長的產業中的龍頭企業，正是目前引領那斯達克的主角們，而且市場對這些企業的成長期待相當地高。

此外，對那斯達克來說，美國的營利事業所得稅減稅案通過是一個正面要素。過去大企業可以利用海外事業等各種方式降低實繳稅率，中小企業得承擔相對較高的稅率。現在，由於美國的營利事業所得稅從原本的 35% 降到了 20%，中小企業有望比大企業受益更多。

那斯達克指數目前共包含 2,556 間公司，其中中小企業占了相當高的比例。因此，考慮到營利事業所得稅降低將使企業利潤增加，那斯達克指數預計會比 S&P500 更具優勢。

中關村，正在成為全球創業市場的中心

中國政府提出了將培育出一億名創業家的大膽願景，並為了推動創業，不遺餘力地在進行投資。其結果為一天平均有 1 萬 5,000 家新創企業誕生。中國創業支援政策的核心是平台。其建立了易於籌措到創業時需要的技術、人力、資源等的平台，降低了創業家的創業成本及負擔。此外，中國還引進了如果某項技術被提升，就會免費公開現有技術的矽谷文化，讓創業家們能免費利用該技術。北

京中關村能讓我們強烈感受到中國的創業熱潮。百度、騰訊、聯想、華為、小米、OPPO、滴滴出行等企業都來自中關村。《財富》雜誌於 2014 年評選的全球 500 大企業中，中關村出身的企業就占了 98 家。中關村已經變成了全球創業中心。而隨著創業支援機構、孵化中心、合作研究所，以及北京大學、清華大學、人民大學等名牌大學建立起的網路，中關村的創業生態圈就此形成。中國政府也正在積極展開人才招攬政策，光進入中關村的歸國人才就高達 1 萬 8,000 名。此外，投資活動也相當活躍，在中國每年都有高達 50 億美元的創業資金被投入市場，而其中有三分之一都集中在中關村。中關村形成了一種創業投資和天使投資都很活躍、成功的創投企業會投資「後輩」創投企業的文化。

中國的創業推動政策

中國的創業推動基礎來自於政府的鼓勵政策。首先，中國政府為了推動創業，斷然修訂了多個領域的政策。2014 年 3 月，中國政府在全國人民代表大會修訂《公司法》、廢止最低註冊資本及其他規定，降低了創業門檻。在公布修訂案之前，即使點子受到肯定，創業家也未必能創業；但在廢止規定後，金錢上的限制就此消失。而在 2015 年 6 月宣布的「大眾創業，萬眾創新」鼓勵政策，以「在 2020 年之前建立新的創業服務平台」為目標，提出了擴大創業平台、降低進入壁壘、支援公共服務、建立融資系統、建立創

業文化等八大重點任務,也再次提升了創業的重要性。

中國政府還特別建立了一個創業平台「眾創空間」,提供創新集群、孵化器等投資系統和創業咖啡館等創業空間,從而提高創業機會。「眾創空間」發展出了成功的創業家會發掘、投資新的創業家,讓創業孕育出創業的良性循環。此外,中國政府還成立了與眾創空間類似的「創業咖啡館」,準備創業的下一個創業家和投資人能在這個空間暢談、交流。

公司名稱	企業價值 (基準:2018 年)	事業領域
螞蟻金服(Ant Financial)	4,000 億人民幣	財務金融
滴滴出行(Didi Chuxing)	3,000 億人民幣	行動
美團點評(Meituan-Dianping)	2,000 億人民幣	餐飲外送服務
今日頭條(Jinri Toutiao)	2,000 億人民幣	新聞服務
QQ 音樂(QQ Music)	1,500 億人民幣	音樂服務
京東金融(JD Finance)	1,500 億人民幣	財務金融
寧德時代(CATL)	1,000 億人民幣	電動車電池
陸金所(Lu.com)	1,000 億人民幣	財務金融
快手(Kuaishou)	1,000 億人民幣	影片服務
大疆創新(DJI)	1,000 億人民幣	無人機
菜鳥網路(Cainiao Network)	1,000 億人民幣	物流服務

02 領先在前的美國，與想站在第四次工業革命中心的中國

為了爭奪全球經濟霸權而展開的美中競爭正在日益加劇。我們從「美中貿易戰」一詞就能看出美、中兩國的極端對立局面。貿易戰是美國先發制人，開始以美國國內法為基準（例如：徵收高關稅等），抑制中國產品進口到美國。川普政府的理由是，中國的不公平貿易不僅造成了嚴重的美國對中國的貿易逆差，還導致美國的工作機會不斷減少。

如果仔細分析現況，就會發現美國非常擔憂全球經濟版圖會趨向以中國為中心。雖然中國宣布並不希望打貿易戰，但仍課徵了報復性關稅予以回擊。雖然貿易戰目前處於休戰階段，但為了成為全球經濟秩序的中心，中美兩國的競爭和衝突應該會變得更激烈。

這種經濟戰爭同樣也出現在第四產業，而且越是屬於成長型產業，競爭就越激烈。目前主導第四次工業革命的企業中，美國企業的占比最大。美國擁有第四次工業革命的核心原創技術，並且透過持續發展這些技術累積了龐大的數據。此外，企業和大學合作、

政府支援的研發基礎設備多樣，投資基礎也相當廣泛。最重要的是，由於直接與龐大的市場相連，企業們能夢想達到極大規模的成長、大獲成功。

　　緊跟在美國身後的中國，其產業水準正在脫胎換骨，從主要負責外包生產的「世界工廠」變成製造業強國，成為全球的技術領頭羊。政府主導的強而有力的支援政策、基於龐大人口的人才庫、因都市化與中產階級增加而擴張的內需市場、以大學與國家研究機構為中心的研發基礎設備、夢想成功的年輕人的創業熱情，產業創新環境早已形成。中國的第四次工業革命在這樣的基礎上得以全面展開，也因此成了與美國角逐的主導國家。中國的第四產業的成長也是導致美中貿易戰加劇的決定性因素之一。

　　與第四產業有關的中美對立案例中，最極端的例子就是「華為事件」。

　　美國政府多次質疑華為與中國政府有密切關係，並且在非法蒐集全世界人的個人資料、從事產業間諜活動。2018 年，美國政府機關建議美國國民不要使用華為的設備，理由是華為的設備有安裝後門，個人資料會因此被送到中國。2018 年 12 月，加拿大政府收到了美國的要求，以間諜嫌疑逮捕了華為創始人的女兒兼華為財務長。華為事件就此達到了頂峰。中國政府否認了相關質疑並提出了強烈抗議，但美國政府卻不為所動。對於中國政府是否透過華為非法取得資料或進行產業間諜活動的意見呈現兩極化。但無庸置疑的是，中國正致力於全方位取得第四產業的資訊與技術，美國則在

第四產業領域高度警戒資訊和技術流入中國企業手裡，為此聯邦政府機構正在集中調查、牽制中國。

「中國製造2025」及「互聯網＋」

中國產業創新政策的骨幹是「中國製造 2025」和「互聯網＋」。中國政府曾宣布結合、發展「中國製造 2025」和「互聯網＋」，作為應對第四次工業革命的策略。

「中國製造 2025」是 2015 年 5 月中國政府發表的中長期硬體升級策略，旨在使中國製造業從傳統的勞力密集工業轉型為技術密集型智慧產業。該計畫的內容為「在三十年裡，以十年為單位分成三個階段推動產業升級」。該計畫的第一階段是在 2025 年之前，將中國製造業的水平提升到日本、德國的水平，邁入製造強國行列；第二階段是在 2025 ～ 2035 年，使中國製造業水準達到世界製造強國的中等水平；第三階段 2035 ～ 2049 年是在主要領域具備世界最頂尖的市場競爭力，引領市場創新。

「中國製造 2025」包含九大策略任務、十大重點領域、五項重大工程。2012 年，其基準化分析（benchmarking）了德國推動的工業 4.0，現在則基於龐大的網際網路人口，推動以軟體企業為中心的計畫（美國、德國、日本是以硬體企業為中心）。

而「互聯網＋」指的是在現有產業加入網際網路。這個策略期待結合了行動網路、雲端運算、大數據、物聯網等的網路技術競

爭力將會提升製造業的市場競爭力。習近平政權自上台以來不斷強調的新經濟的發展核心，就是透過結合網際網路與其他產業，打破產業之間的壁壘、創造出新的未來產業。此外，「互聯網＋」的七大培育項目代表制度的建立方向，十一大融合產業則代表產業的結合方向。這就是將現實世界數位化的第四次工業革命策略。

　　這項政策的目標為改變流通產業、培養國際規模的電商示範企業、設立海外倉庫、選定農村電商綜合示範地區等，全方位地將整個社會數位化，進行長期社會改善。

中國的ABCD技術

　　「ABCD 技術」被認為是推動第四次工業革命的動力。A 指人工智慧（AI），B 指大數據（Big Data），C 指雲端（Cloud）、D 指無人機（Drone）和機器人。有了這些技術的相互結合，第四次工業革命的生態圈隨之形成。中國政府和企業正抱著「強化ABCD 技術，成為全球第四次工業革命的領導者」的抱負。

　　雖然中國在人工智慧領域的原創技術不及美國，但其擁有龐大的大數據和強大的超級電腦基礎設施。無數名使用者每天創造出來的數據是促進人工智慧成長的養分，而這些數據會在世界上速度最快的超級電腦裡不斷累積。中國三大 IT 企業百度、阿里巴巴、騰訊正在不斷地強化人工智慧技術、開拓人工智慧領域的市場。百度是人工智慧領域的領頭企業，擁有語音辨識及自動駕駛技術。阿

里巴巴將人工智慧應用於電子商務平台，並基於機器學習與數據提供客戶客製化服務。較晚踏入人工智慧領域的騰訊在美國設立了人工智慧研究所，進行技術開發與投資。

目前中國生成的數據占全世界的 13%。2020 年，其規模估計會拓展到 20 ～ 25%。像這樣，中國在大數據領域可以說是占有優勢。中國政府將數據產業指定為十三五規劃（2016 ～ 2020 年）的集中發展產業，目前正在積極提供支援，而貴州省的貴陽現在也被稱為大數據之都，不僅是中國的 IT 企業，Google、微軟、英特爾、甲骨文、戴爾等美國企業也都在這裡營運大數據中心。

阿里巴巴是引領中國雲端市場的企業。其子公司阿里雲的中國市占率排名第一。如果與全球企業相比，其僅次於亞馬遜和微軟，高居世界第三。2016 年，阿里雲將服務對象拓展到了外國企業，這吸引了全世界 230 萬名客戶。此外，阿里雲在全世界十六個地區（包含中國）設立了雲端中心，相當積極地在拓展海外市場。

另外，中國也是無人機強國。大疆創新（DJI）是全球最大的無人機企業，占全球商用無人機市場 70% 的份額，是無人能敵的強者。雖然中國在軍事用無人機市場不敵美國，但商用無人機以擁有最頂尖的技術力為傲。不過在機器人領域，中國仍不及美國，因此機器人大多都仰賴進口。2016 年，中國政府宣布了「機器人崛起」。其計劃在 2020 年之前，培育出三家具有國際競爭力的機器人大企業、建立五個機器人產業集群。此外，中國相當重視搭載人工智慧技術的服務用機器人。

被稱為 BAT 的百度、阿里巴巴和騰訊是引領中國的第四次工業革命的企業。許多獨角獸公司和新創企業（例如：車輛共享服務企業滴滴出行、人工智慧新聞服務企業今日頭條、全球最大無人機企業大疆創新）也都具備了頂尖的競爭力，並不斷地在成長。

第四產業的搖籃：中國的那斯達克——創業板

中國深圳的創業板（Chinext）和韓國的科斯達克（KOSDAQ）一樣，在醫療保健、非核心消費、高科技製造業等新經濟行業的比例壓倒性地高於其他行業，是中國未來產業的寶庫，也是創新民營企業的溫床。雖然創業板由高成長性企業構成，但由於個人投資人比例及股票週轉率高，因此可以歸類為高利潤、高風險市場。

1990 年 12 月，深圳證券交易所設立於改革開放的產物——深圳。受到地區特性的影響，深圳證券交易所的主要上市公司從交易所設立初期開始，就是民營中小企業和與香港相關聯的科技股。而在放寬了上市條件的中小板（2004 年）和創業板（2009 年）設立後，其上市公司數與總市值隨之邊增。以「成為中國的那斯達克」為目標而設立的創業板初期只有 28 家企業；現在其規模成長到了 703 家企業，總市值約達 5.5 兆人民幣。過去五年，上市公司大多集中到了中小板和創業板。而這也加深了創業板與以大型國營企業為主的上海證券交易所的差異。

深圳的創業板與上海交易所最大的差異可以整理成四點：①

周轉率高，總市值較低；② 民營企業和新經濟相關產業比例高；
③ 營收高；④ 評價較高。

深圳交易所民營企業比例高達 **78%**

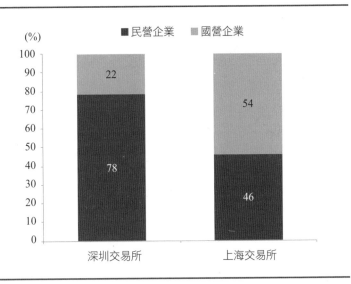

資料：CEIC 經濟資料庫、韓亞金融投資

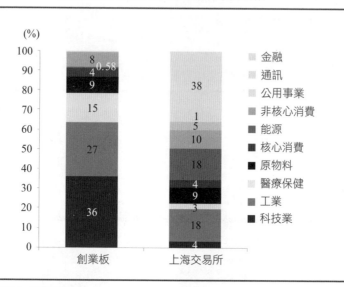

創業板和上海交易所的產業別比例比較

資料：Wind、韓亞金融投資

中國創業板的特性①：企業規模小，周轉率高，民營企業比例高

　　讓我們來仔細了解深圳創業板的特性。首先，其上市公司的平均市值比上海低且周轉率高。創業板的總市值只有上海綜合指數的 15%（創業板：5.5 兆人民幣 vs. 上海：37 兆人民幣），個人投資人也偏好投資創業板，因此其股票周轉率比上海交易所高 2 倍左右。實際上，在 2017 年第三季度，深圳創業板的周轉率為 469%，遠高於上海主板的 224%。交易活動雖然是好現象，但波動性很有

可能受到政策性主題或市場議題的影響而擴大。

創業板投資別比例：個人投資人占 **58%**

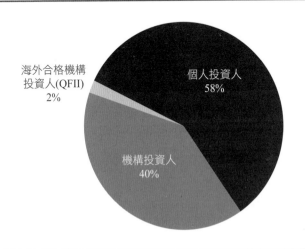

資料：CEIC 經濟資料庫、韓亞金融投資

　　第二，民營企業與新經濟產業比例高。在上海交易所，所謂的舊經濟產業（工業、原物料、公用事業、能源、金融）的比例將近 85%。但在創業板，新經濟產業（非核心消費、核心消費、醫療保健、IT、通訊）的比例將近 63%。此外，上海交易所民營企業的比例不到 50%，深圳的民營企業占將近 70%，這也是兩個交易所的差異。當前的中國政府開放了壟斷性產業，並在嘗試市場化以解決過去國進民退（以國家和國營企業為主成長、民營企業被壓抑現象）的問題。這無疑會有益於深圳交易所的上市公司。

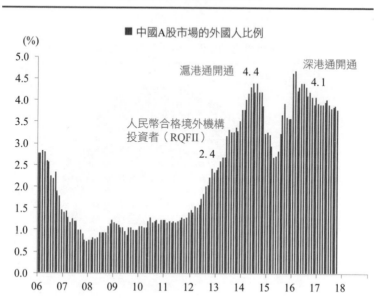

中國 **A** 股的外國投資人變化

■ 中國A股市場的外國人比例

資料：Wind、韓亞金融投資

中國創業板的特性②：銷售增長率高，評價高

　　第三，創業板雖然銷售增長率高，但負債率低。有別於對中國 GDP 成長放緩現象更敏感的舊經濟產業，新經濟產業呈現出了高度成長趨勢。創業板上市公司的營收成長也因此超過了上海與深圳 A 股。2017 年第三季度，創業板上市公司的營收成率高達 33%，但上海 A 股與深圳 A 股的成長率分別只有 18%、23%。

營業收入增長率遠高於上海交易所

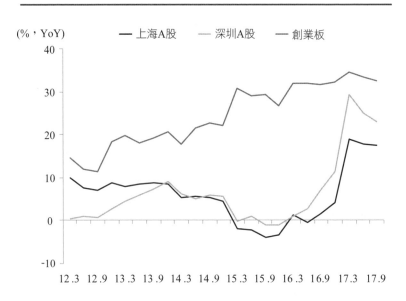

資料：CEI 經濟資料庫、韓亞金融投資

第四，與上海的上市公司相比，創業板的評價相當高。雖然
2017 年 11 月底，上海 A 股的本益比為 16 倍，深圳 A 股與創業板
分別為 33 倍與 43 倍，差距仍然很大，但與 2015 年的最高點相比，
創業板的本益比已經下降到了三分之一。包含創業板的深圳上市公
司的評價之所以會高，第一個原因是因為其獲利能力與成長性高。
第二個原因在於深圳市場「個人投資人比例高，對成長股、主題股、
小型股的偏好也高」的市場結構特性。產業別評價也一樣。除了核
心消費和科技業，創業板大部分的產業評價都比上海上市公司高。

利益增長率遠高於上海交易所

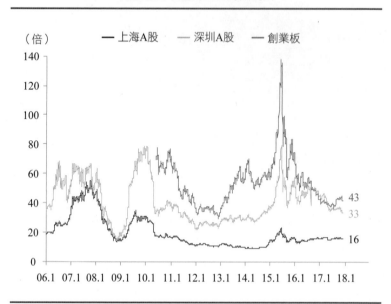

資料：Wind、韓亞金融投資

　　擁有這些特性的創業板跟美國的那斯達克一樣，具有促進創新成長的資本市場的功能。

第二部分
第四產業最有成長力股票分析

第一章

引領世界的美國第四產業：FANG

Amazon.com

AMZN.US

亞馬遜	
成立年度	1995
上市日期	1997／3／24
主要股東	傑夫・貝佐斯 16.13%
CEO	傑夫・貝佐斯（Jeff Bezos）
網頁	www.amazon.com

Key Data	
上市股票	美國
總市值（十億美元）	960.4
PER（2019E）	66.5
52 週最高／最低	2,050／1,307
當前股價（美元）	1,951

* 基準日：2019／4／26

主要營業結構	
線上零售	90%

* 備註：2018 年底

1. 全球最大線上零售與雲端服務企業

　　Amazon.com 是全球最大的線上零售企業，也是在美國、德國、英國等主要國家的線上零售市場占有率排名第一的企業。亞馬遜不僅在網站銷售商品，也將商店開放給外部賣家販賣商品。2017 年 8 月，亞馬遜收購了實體食品零售企業全食超市，進軍實體零售市場，將事業領域拓展到涵蓋線上和實體綜合零售。

　　亞馬遜的另一個主要事業是雲端運算服務。亞馬遜的雲端事業由 AWS 負責。2006 年，AWS 推出基礎設施服務 S3，打入了公用雲市場。AWS 是公用雲服務市場裡壓倒性的第一名企業，提供基礎設施即服務（IaaS）和平台即服務（PaaS）。

2. 電子商務與雲端市場有望持續高度成長

　　全球電子商務市場近幾年急遽成長，估計今後也會保持高度成長。根據全球市場前景預測網站 Statista 預測，2016 ～ 2021 年全球線上零售市場將年平均增長 21%，2021 年達到 5 兆美元；而美國的線上零售市場也估計會保持穩健成長，其有望在 2016 ～ 2021 年年平均增長 12%，2021 年達到近 7,000 億美元。

　　根據《華爾街日報》的市場估值，2018 年在美國的線上零售市場，亞馬遜的市占率幾乎達到了 50%。此外，線上零售市場有望保持高度成長，亞馬遜今後的市占率也有望擴大。

　　全球雲端服務市場也預計會持續高度成長。許多企業認為，將老舊、過時的系統轉換成數位系統是目前最大的課題。雲端服務初期，主要客戶是中小企業。而現在，大企業也在加快轉換成雲端服務的速度。IT 業界目前仍處於全球雲端市場拓展初期，而且市場規模有望持續擴大。

美國線上零售市場持續穩健增長

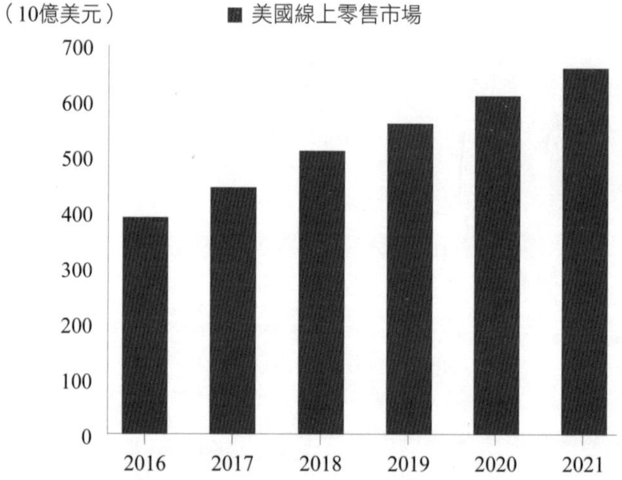

（10億美元）　■ 美國線上零售市場

2016	約 395
2017	約 450
2018	約 515
2019	約 560
2020	約 610
2021	約 660

資料：Amazon.com、韓亞金融投資

　　另外，根據全球 IT 研究機構 Gartner 預測，公用雲市場有望在 2016 ～ 2021 年複合成長 29%。亞馬遜是市場占有率將近 40% 的壓倒性企業。如果只看提供 IT 資源中的伺服器、儲存裝置等基本計算設備的基礎設施即服務，亞馬遜的市占率超過 45%。作為第一大雲端企業，亞馬遜有望基於強大的技術競爭力和品牌力量，從擴大的雲端市場中成為代表受益企業。

美國線上零售市場占有率

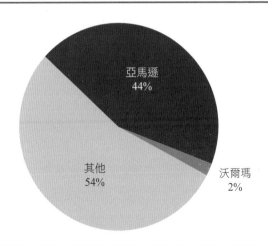

資料：Amazon.com、韓亞金融投資

全球公用雲市場前景

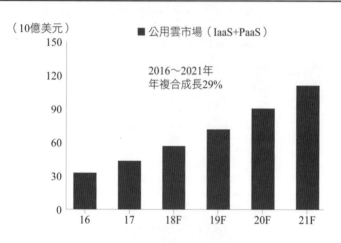

資料：Gartner、韓亞金融投資

公用雲市場占有率

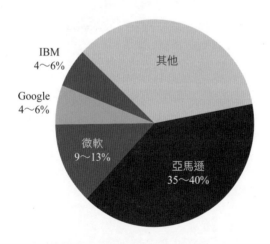

資料：Gartner、韓亞金融投資

3. 事業結構及營收前景

① 零售

　　亞馬遜的事業可分成零售和雲端兩大類。零售相關事業的營收占總營收的 89%，雲端占 11%。如果將營收分成北美零售、海外零售、雲端三大類，則分別為 61%、28%、11% 。如果更具體地劃分事業領域，亞馬遜的總營收中線上銷售占 52%、外部賣家的銷售手續費占 18%、全食超市店面的實體零售占 8%、雲端占 11%、Prime 會員制占 7%、數位廣告等其他事業部門占 4%。

亞馬遜的主要事業別營收組成

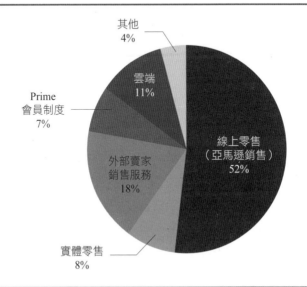

資料：Gartner、韓亞金融投資

亞馬遜的地區別營收組成

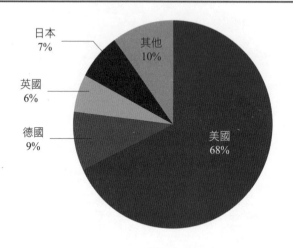

資料：Gartner、韓亞金融投資

　　隨著線上零售和雲端事業持續高度成長，亞馬遜的營收數年
來都維持著 20 ～ 30% 的年增長率。特別是 2017 年收購全食超市、
收費會員制的 Prime 會員數劇增後，2017 年下半季到 2018 年上半
季，每季度都高度成長到了 30% ～ 40%。從 2018 年第四季度開始，
同比增長率中反映了全食超市的營收，電子商務的營收增長幅度則
呈現略為下降的趨勢，因此營收增加幅度預計會略為縮小。

　　不過，亞馬遜的長期成長前景仍很樂觀，因為市場仍期待雲
端事業部 AWS 會高度成長，而且最近成為新成長動能的數位廣告
事業也具有高度的成長潛力。

亞馬遜的北美零售營收 & 增長率變化

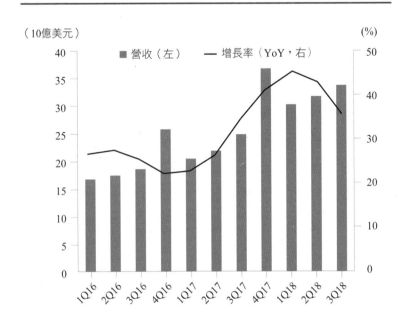

資料：Amazon.com、韓亞金融投資

② 雲端

　　雲端事業部 AWS 2018 年第三季度的營收同比增長了 46%，仍保持高度成長。這是因為企業們轉換雲端的速度有望進一步加快，特別是在美國，企業們應該會將營利事業所得稅稅制修訂後產生的閒置資金用來投資 IT 數位轉型，因此雲端市場有望擴大，而 AWS 有望成為代表受益企業。

亞馬遜雲端的營收 & 增長率變化

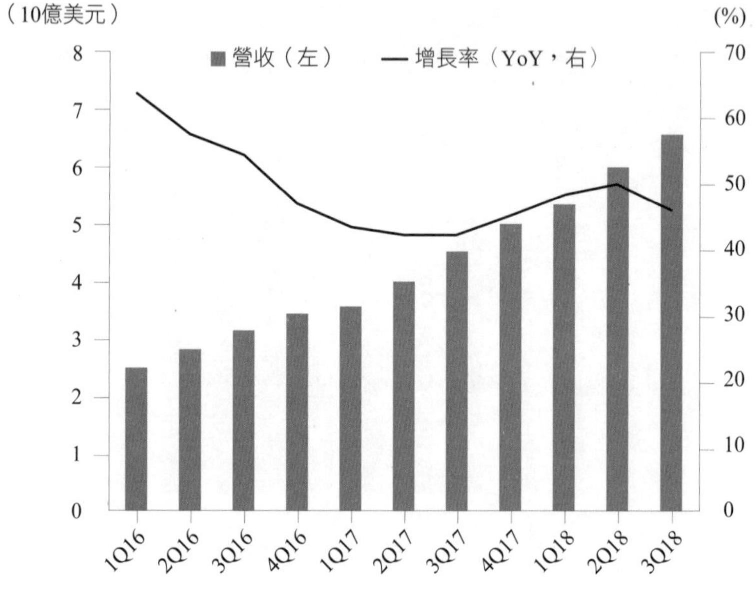

資料：Amazon.com、韓亞金融投資

4. 正式進入獲利能力上升階段

　　亞馬遜最近的業績變化中最正向的變化是其正式進入了獲利能力上升期。由於亞馬遜過去數年都積極投資物流和運輸系統，因此未能確實獲利。但從 2018 年開始，過去幾年對物流倉庫和運輸系統的投資效果總算開始顯現。改善物流和運輸成本效益後，營業利益率正在持續上升。

亞馬遜北美零售的營業利益 & 營業利益率變化

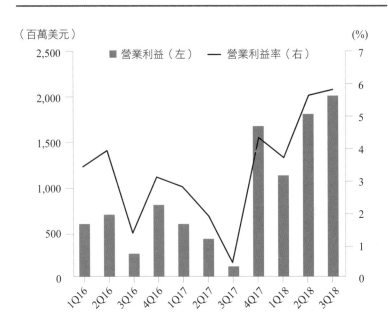

資料：Amazon.com、韓亞金融投資

　　由於在線上零售事業，亞馬遜以「最大限度地提高消費者的便利性和價格競爭力」為優先，長久以來都採取了低利潤政策，因此海外事業仍處虧損狀態，北美零售的營業利益也一直只維持在3%左右。但從2017年第四季度開始，成本效益改善效果開始顯現，北美零售的營業利益率開始跟著上升。2018年第三季度，北美零售的營業利益率達到了將近6%，創下了近幾年來的最高紀錄。

　　亞馬遜獲利能力上升的另一個主要原因是雲端事業部的利潤增加。AWS 的營收雖然只占 11%，但營業利益占了 51%。這是因為雲端的營業利益遠高於零售。AWS 跟北美零售一樣，近幾個季度的營業利益率都在上升。雖然 AWS 2017 年的營業利益率未滿 25%，但 2018 年第三季度達到了 31.1%，首次超過 30%。資料中心的成本效益改善效果是獲利能力上升的主要原因。隨著成本效益提升，AWS 2018 年第三季度的營業利益達到了 21 億美元，首次超過了 20 億美元。

亞馬遜雲端營業利益 & 營業利益率變化

（百萬美元）　　　　　　　　　　　　　　　　　　　（%）

■ 營業利益（左）　　━ 營業利益率（右）

5. 長期股價前景

　　亞馬遜的股價從 2015 年就開始全面攀升。這是因為亞馬遜從 2015 年開始公開雲端事業部的個別業績，並作為全球最大雲端運算企業，從市場高度成長受益、大幅改善了業績。

　　2017 年以前，亞馬遜都將火力集中在擴展事業上。但 2018 年策略性地致力於改善獲利能力後，其進入了獲利能力上升期。2018 年下半年，市場擔憂全球經濟成長放緩的現象，整個股市因此陷入了熊市，亞馬遜的股價也因而大幅下跌。但進入 2019 年後，亞馬遜的股價再次呈現穩健的反彈走勢。

　　作為全球代表性長期成長企業，亞馬遜是最佳的中長期成長股。線上零售銷售額有望保持穩健增長。此外，隨著雲端和數位廣告事業持續高度成長，亞馬遜的整體營收有望持續增長。

　　數位廣告事業的營收規模雖然目前並不大，但使用亞馬遜零售網站的眾多使用者會利用亞馬遜搜尋產品，這是可以向廣告商們強調的優勢。此外，對全球廣告代理商來說，有越多廣告平台競爭，就對他們越有利。因此，為了讓亞馬遜成長為繼 Google、Facebook 之後的第三大競爭公司，這些代理商正在策略性地分配廣告量。這種現況可預期將有利於亞馬遜的數位廣告事業。數位廣告營收在最近三個季度連續增加了三位數，今後也有望保持高度成長。

　　亞馬遜的股價目前為 2019E PER 66.5，且有望開始正式進入獲利能力上升期。亞馬遜的 PER 將於 2020 年下降至 46 倍，2021

年下降至 32 倍。

　　會看好亞馬遜今後的獲利能力，是因為隨著雲端、數位廣告、物流服務事業等獲利能力高的服務事業正式進入成長階段，這些事業對營業利益的貢獻也將會增加。

　　作為全球代表性成長股，亞馬遜估計會在未來數年保持穩健成長，其獲利能力也應該會持續上升。因此，亞馬遜的股價有望持續且長期成長。

亞馬遜的營收 & 成長前景

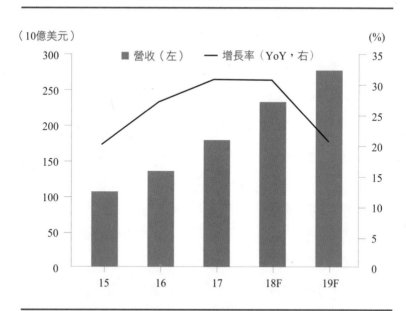

（10億美元）　　　　　　　　　　　　　　　　　　　　（%）

■ 營收（左）　　── 增長率（YoY，右）

資料 :Amazon.com、彭博市場預估值、韓亞金融投資

亞馬遜的每股盈餘 (EPS) 前景

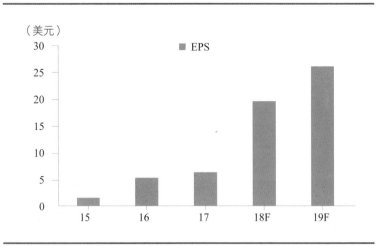

資料：Amazon.com、彭博市場預估值、韓亞金融投資

近幾年的股價變動

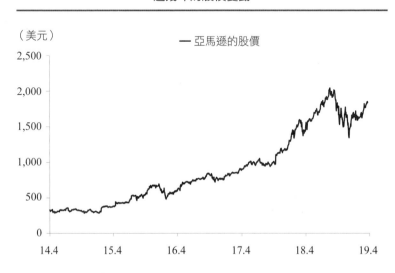

6. 創始人介紹：傑夫・貝佐斯

就算說亞馬遜的創始人傑夫・貝佐斯的經營理念和事業願景是亞馬遜之所以能迅速成長為全球代表性企業的最核心因素也不為過。貝佐斯的核心經營理念是「客戶第一」以及「創新技術，提供客戶最佳的購物環境」。比起追求短期利潤，為了提供客戶最佳的環境、實現長期成長策略，選擇積極投資、採取大膽的策略，可以說是亞馬遜成功的因素。

貝佐斯所做的大膽的決定和行動力從他最初創立亞馬遜時，就很明顯地展現出來了。貝佐斯本來在美國華爾街從事投資，但在看出線上零售的成長潛力後，他便辭去了穩定的工作，大膽選擇了創業。

1995 年，貝佐斯抱著「建立一個販售如亞馬遜河般有無數條支流與大量且多樣的商品的購物中心」的理念，創辦了網路商城「Amazon.com」。

起初，Amazon.com 從銷售書籍、唱片、影視產品等媒體相關產品做起。在這之後，長期事業願景早已明確的貝佐斯逐漸擴大了網路商城的銷售品項。除了實體商品，Amazon.com 甚至將服務領域拓展到了 APP、遊戲等數位內容。

經營亞馬遜時，貝佐斯強調的事有三件：以客戶為中心、尋找具有創新性的方法、根據長期目標制定經營策略。基於這個經營理念，提供客戶最便利的購物環境，並始終以低於市場的價格維持價格競爭力，正是亞馬遜迅速成長的動力。

Alphabet

Alphabet	
成立年度	1998
上市日期	2004／4／29
主要股東	貝萊德（BlackRock）6.18%
CEO	桑德爾・皮蔡（Sundar Pichai）
網頁	abc.xyz

Key Data	
上市股票	美國
總市值（十億美元）	886.1
PER（2019E）	22.3
52 週最高／最低	1,291／977
當前股價（美元）	1,277

* 基準日：2019／4／26

主要營業結構	
Google 廣告	86%

* 備註：2018 年底

1. 全球最大網際網路企業**Google**的控股公司

Alphabet 是全球最大網際網路企業 Google 的控股公司，同時也是一家透過子公司，在生物科技、自動駕駛、高速網際網路服務等各種高科技技術領域積極進行投資的代表性企業。除了 Google 外，Alphabet 的主要子公司還有生物科技領域的 Calico、自動駕駛領域的 Waymo、高速網際網路服務領域的 Fiber 等，GV 則是負責投資創新創投公司。

除了 Google 外，Alphabet 目前都是基於中長期成長策略投資其他子公司。這些子公司的業績貢獻仍不大。目前 Alphabet 的營收中，有 99% 來自 Google。Google 為全球最具代表性的搜尋引擎，在全球搜尋相關領域占比超過 90%。在檢索領域的壓倒性占有率會促使龐大的數據累積，而這會進一步使 Alphabet 在人工智慧相關領域占優勢。積極投資人工智慧、雲端、自動駕駛等主要中長期成長領域的 Alphabet 現在正在各個領域嶄露頭角。

2. 在快速成長的行動廣告市占率居冠

數位廣告市場規模預計會在 2019 年達到將近 3,000 億美元，2022 年則有望超過 4,000 億美元。

Google 的市占率在全球數位廣告市場為 31%，在美國市場為 39%。在美國市場，Google 和 Facebook 的份額就占了 60%，分別為 39%、20%。

全球數位廣告市場占有率

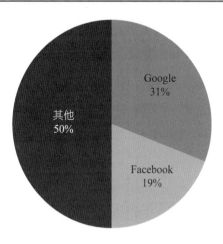

資料：eMarketer、《華爾街日街》、韓亞金融投資

全球行動廣告市場占有率

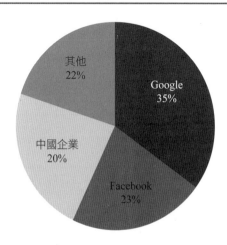

資料：《華爾街日街》、韓亞金融投資

　　數位廣告中，行動廣告市場正在迅速成長。2019 年，行動廣告有望占整個數位廣告市場的 75% 以上。Google 在行動廣告市場的占有率高達 35%，排名第一。從全球 80% 的手機都使用安卓作業系統，而 Google 持有安卓作業系統這點來看，其行動廣告事業有望保持高度成長。

Alphabet 的結構

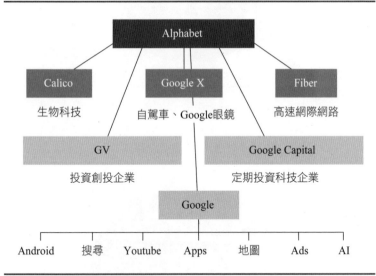

資料：Alphabet、韓亞金融投資

　　作為未來的成長動力，Google 目前在積極投資的核心領域為人工智慧相關事業。Google 的 CEO 桑德爾‧皮蔡曾在 2017 年年度開發者大會強調「每個月都有 20 億台安卓裝置被啟用、YouTube

內容的觀看時間每天高達 10 億小時、透過 Google 地圖尋找的距離一天就有 10 公里，每天都在累積無數的數據在累積。而人工智慧會幫我們將這些數據變成有價值的商業材料」。

　　市調企業 IDC 表示，全球人工智慧市場的規模會在 2020 年，從 2016 年的 80 億美元成長到 470 億美元，年平均成長 56%。在如此快速成長的人工智慧市場，累積最多數據的 Alphabet 的競爭力有望在未來更加大放異彩。

Alphabet 的主要事業別營收組成

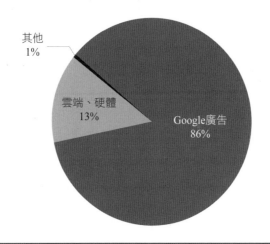

其他
1%

雲端、硬體
13%

Google廣告
86%

資料：Alphabet、韓亞金融投資

3. 事業結構及營收前景

① 數位廣告

　　Alphabet 的 營 收 組 成 中，Google 的 數 位 廣 告 占 總 營 收 的 86%，Google 的雲端、硬體、服務事業占 13%，其他子公司占 1% 左右。Google 的服務事業包括 Google Play、YouTube 訂閱等服務。

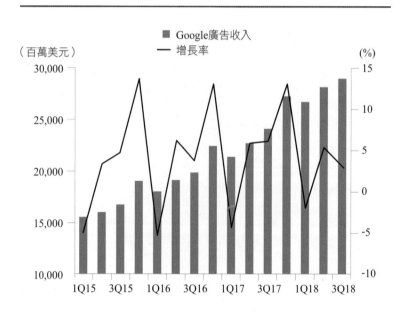

Google 廣告收入 & 增長率變化

資料：Alphabet、韓亞金融投資

廣告收入中的流量獲取成本（**TAC**）比例

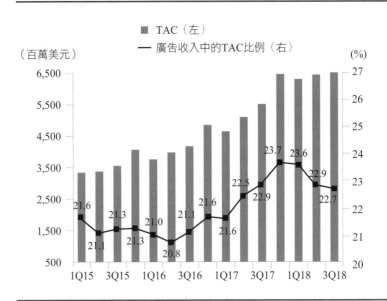

資料：Alphabet、韓亞金融投資

　　由於 Google 的行動廣告、YouTube、程序化廣告（程式自動分析使用者的搜尋資訊後，顯示使用者需要的廣告）持續高度成長，Google 的廣告營收每季度都同比增長了 20% 以上。在 Google 的積極投資下，雲端、硬體等其他事業也在迅速成長。一直到 2018 年第二季度，其他事業連續七個季度成長了 35% 以上。

　　2016 ～ 2017 年，Alphabet 的營收連續增長了 20% 以上，實現了穩定的高度成長。2018 年的營收也增長了將近 25%。這是因為數位廣告市場本身在持續中長期成長，而且 Google 擁有高市占

率的關係。在數位廣告中，行動廣告的成長尤為令人振奮。由於 Google 行動搜尋引擎和 Chrome 瀏覽器受到手機使用者的高度偏愛，Google 在行動廣告市場擁有極為強大的競爭力；因為行動廣告市場正在急遽成長，Google 的行動廣告收入有望持續高度成長。

② 雲端等其他事業

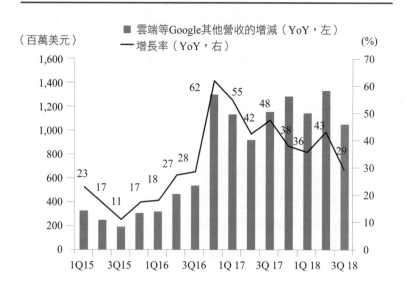

雲端、硬體等其他事業的增長率變化

資料：Alphabet、韓亞金融投資

我們需要關注 Google 的，還有雲端事業、硬體事業等其他事業的成長。雖然在公用雲市場，Google 的占有率低於排名前二的亞馬遜和微軟，但 Google 正基於強大的資金實力積極進行投資。因此其雲端事業也有望被擴大下去。Google 雲端的另一項優勢是能以各種形式利用基於 Google 擁有的人工智慧技術。

在硬體方面，Google 正在智慧型手機、VR 裝置、物聯網裝置等領域製作各種數位設備，但 Google 並沒有期待硬體會在短期內帶來業績貢獻。Google 投資硬體的目的是透過擴大 Google 擁有的人工智慧生態圈，強化長期市場力量。Google 有望結合人工智慧軟體和硬體，進一步擴大其擁有的生態圈。

考慮到全球約有 80% 的手機使用 Google 的安卓作業系統、YouTube 等影片平台正在快速成長、Google 地圖能創造廣告利潤等要素，在數位廣告市場，Google 的營收增長有望進一步被強化。此外，由於 Google 基於人工智慧技術累積的龐大數據可高度活用於針對特定對象的廣告策略，作為最佳的廣告平台，Google 的價值有望持續上升。

強化基於 AI 的硬體陣容

智慧型手機「Pixel」	物聯網裝備「Google Home」
VR設備「Daydream View」	數位白板「Jamboard」

資料：Alphabet、韓亞金融投資

4. 費用增加趨勢減緩屬正面現象

　　Alphabet 有望基於每年超過 20% 的 Google 廣告事業的穩健成長，維持穩定的業績。最近幾個季度的業績變化中的正面現象是，Google 的廣告收入中，流量獲取成本（其他網站的廣告手續費）的比例正趨於穩定。為了展開積極的行銷、增加從其他網站進入Google 搜尋引擎的流量，Google 與多家合作夥伴企業簽訂了流量獲取契約。這個策略雖然加快了廣告收入的增長，但也導致流量獲取成本大幅增加，特別是 2017 年後半年，廣告收入中流量獲取成本占的比例達到了將近 24%，這引發了對成本增加的擔憂。但從2018 年比例開始下降，營收因此趨於穩定。

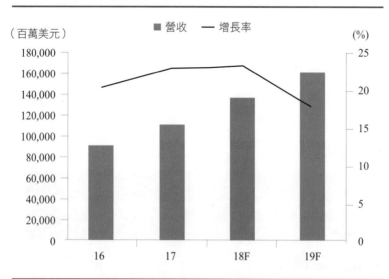

Alphabet 的整體營收 & 增長率變化

資料：Alphabe、彭博市場預估值、韓亞金融投資

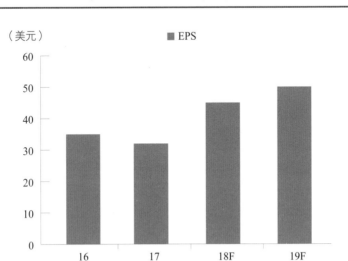

Alphabet 的每股盈餘 (EPS) 前景

（美元）

資料：Alphabet、彭博市場預估值、韓亞金融投資

5. 長期股價前景

　　Alphabet 股價的中長期前景之所以會明亮，是因為基於鞏固的業績，Alphabet 有望在數位廣告市場保持穩定成長。另一個原因則是，在中長期成長潛力最高的新一代創新技術領域，Alphabet 很明顯是領頭企業。數位廣告，特別是行動廣告市場的成長今後會加劇，而市占率第一的 Alphabet（Google）將會是代表受益企業。如果考慮到全球 80% 的手機使用 Google 的安卓作業系統、Google 行動搜尋引擎和 Chrome 瀏覽器受到手機使用者的高度偏愛，Google

應該在行動廣告市場具備了穩固的競爭力。

最近，個人資料保護議題正給 Alphabet 等網際網路龍頭企業的股價帶來了巨大的影響。越來越大量的個人資料落入這些龍頭企業的手裡，而個人資料保護相關問題經媒體報導後引起了熱議，股價波動性也受其影響而隨之擴大。與此同時，要求制定個人資料保護法規的呼聲變得越來越大也是風險因素之一。雖然有別於歐洲，美國強化個人資料保護相關法規的可能性並不大，但 Alphabet 等網際網路龍頭企業為了保護個人資料而積極進行技術、人力投資有望減緩人們的擔憂。

近幾年的股價變動

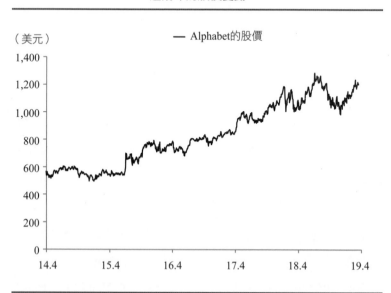

Alphabet 當前的股價為 2019E PER 22.3 倍。其 2019 年的 EPS 預計會受到流量獲取成本增加與為了擴大雲端市場進行的投資的影響，只同比增長 7%。但這應該是 Alphabet 為了擴大中長期成長動力，策略性地增加成本導致的結果。Alphabet 的獲利能力預計會從 2020 年開始再次高度上升。EPS 則有望於 2020 年、2021 年增長將近 20%。

Alphabet 預計會活用強大的資金實力，繼續積極投資未來的成長動力，並基於技術競爭力，在人工智慧、雲端、自駕車等第四產業核心技術領域進一步強化市場力量。雖然人工智慧、雲端、自駕車等事業目前對業績的貢獻並不大，但由於這些市場會在接下來的兩三年開始全面擴大，這些事業有望帶動 Alphabet 中長期高度成長。

6. 創始人介紹：賴利・佩吉

賴利・佩吉是 Google 的創始人，也是 Alphabet 的前 CEO。在電腦工程學教授父母的養育下，佩吉從小就對電腦有很大的興趣。小學時，佩吉是學校第一個使用文書處理器（word processor）提交作業的學生。尊敬尼古拉・特斯拉的賴利・佩吉在密西根大學主修了電腦工程學，並在史丹佛研究所研究了電腦科學。在史丹佛，佩吉結識了 Google 的共同創始人謝爾蓋・布林（Sergey Brin），兩人開始研究評估網頁價值的方法。這個計畫一開始被稱為「Back

Rub」，後來改成了「Google」。

　　以創投公司的熱情和挑戰精神經營公司是賴利・佩吉的核心經營理念之一。Google 股票上市時，採取了雙層股權結構，這使Google 不會輕易受到外界與投資人的影響、保障了經營團隊的表決權，並堅守了賴利・佩吉的經營理念。因為沒有大力追求增加短期業績，又像創投公司般不斷地挑戰，再加上重視創新技術的開發，Google 在新一代技術領域一直走在最前面。

　　賴利・佩吉重視的另一個經營理念是溝通。Google 的溝通系統「TGIF」（Thank God It's Friday）就是一個很好的代表例子。員工們每個星期五會聚在一起，說出各自的意見和不滿以了解對方的想法。因為在這樣的溝通下往往會出現新點子，並進一步發展出新的商業模式，TGIF 成了 Google 文化的重要要素。Google 的 TGIF 從原本的星期五改為星期四舉辦，這是為了讓全世界的員工都能提出想法。

　　賴利・佩吉個性安靜，不常現身於媒體前。因此，與其他代表性 IT 企業創始人比爾・蓋茲、史蒂芬・賈伯斯、貝佐斯相比知名度較低。但 Google 過去展現的創新事業模式、具挑戰性的經營策略、重視溝通的企業文化都是在 Google 創始人賴利・佩吉的引領下所建立的，賴利・佩吉可說是這個時代極具創新性的代表人物之一。

Facebook

FB.US

Facebook	
成立年度	2004
上市日期	2012／2／1
主要股東	先鋒集團（Vanguard Group INC）7.18%
CEO	馬克・祖克柏（Mark Zuckerberg）
網頁	www.facebook.com

Key Data	
上市股票	美國
總市值（十億美元）	546.6
PER（2019E）	22.6
52週最高／最低	219／123
當前股價（美元）	191

* 基準日：2019／4／26

主要營業結構	
數位廣告	98.30%

* 備註：2018年底

1. 社群網路服務領域無人可敵的第一名企業

　　Facebook 是全球社群網路服務領域中獨占鰲頭的第一大企業。不僅是 Facebook 平台，WhatsApp、Messenger、Instagram 等 Facebook 持有的平台都是代表性的社群網路服務。Facebook 的月活躍用戶高達 22 億人，是其他競爭企業的平台無法比擬的壓倒性的規模。不僅是 Facebook，WhatsApp 的月活躍用戶高達 15 億人、Messenger 達 13 億人、Instagram 達 10 億人，所有平台的活躍用戶都超過了 10 億人。

　　Facebook 的主要事業是基於社群網路服務平台龐大的會員數，開發各種廣告商品，並提升廣告商的數量、增加廣告收入。Facebook 持有的四個代表平台中，Instagram 才剛開始盈利，Messenger 和 WhatsApp 則尚未正式進入透過平台獲利的階段。Facebook 計劃從 2019 年開始，透過增加 WhatsApp 的服務種類來增加營收模式。考慮到這些平台擁有大規模的會員，Facebook 今後應該會積極尋找盈利途徑，為 Facebook 帶來高度的業績貢獻。

2. 行動廣告市場有望加速成長

　　數位廣告產業正在持續高度成長。全球數位廣告市場規模預計會在 2019 年達到將近 3,000 億美元，在 2022 年超過 4,000 億美元。在全球數位廣告市場，Facebook 的份額為 19%，僅次於 Google。

全球數位廣告市場占有率

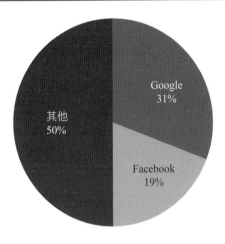

資料：eMarketer、《華爾街日街》、韓亞金融投資

全球行動廣告市場占有率

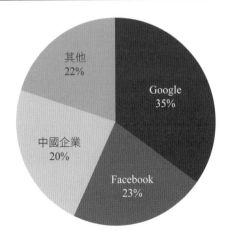

資料：《華爾街日街》、韓亞金融投資

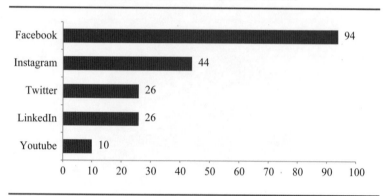

企業行銷人員使用的付費廣告平台比例

資料：〈The State Of Social 2018〉、韓亞金融投資

　　在數位廣告中，行動廣告的成長尤為迅速。2019 年，行動廣告預計會占整個數位廣告市場的 75% 以上，而 Facebook 的占有率為 23%，僅次於 Google 的 35%。

　　數位廣告在整個廣告市場所占的比例正在持續擴大，廣告商對行動廣告的需求也在增加。由於社群網路服務的使用者數越來越多，年輕族群的社群網路服務使用率又尤其急遽上升，社群網路吸引了廣告商的高度關注。

　　2018 年，在以美國企業的廣告行銷人員為對象進行的問卷調查顯示，曾將數位平台作為付費廣告媒介的企業中，有 94% 的企業將 Facebook 作為收費廣告媒介、排名第一，Instagram 以 44% 排名第二，LinkedIn 與 Twitter 則分別以 26% 並列第三。也就是說，Facebook 的兩個核心平台占據了第一與第二名的寶座，並與第三名

之間有著壓倒性的差距。此外，在未來計劃使用的付費廣告平台中，廣告行銷人員最偏愛的平台也是 Facebook 和 Instagram。

3. 事業結構及營收前景

　　Facebook 的商業模式集中在基於龐大的會員規模，提供各種數位廣告商品並創造利潤。其總營收的 98% 為廣告收入，其餘營收則來自付款與其他手續費。廣告收入又可分為行動廣告與 PC 廣告。其中，行動廣告收入迅速增加，2013 年占整體廣告收入 45% 的行動收入在 2017 年時增長到了 88%。由於行動廣告市場本身在迅速成長，再加上 Facebook 的市占率越來越高，2018 年第三季度 Facebook 的整體廣告收入中行動廣告的比例擴大到了 91%。PC 廣告收入的比例則不斷在下降。PC 廣告的比例在 2013 年時有 55%，但 2018 年第三季度卻下降到了 8%。而在 2018 年第三季度地區別營收比例，依序為美國及加拿大 48%、歐洲 24%、亞洲 18%、其他地區 10%。

　　在 2018 年第一季度前，Facebook 連續 11 個季度都實現了未預期盈餘（earning surprise），且近兩年的季度營收平均增長了將近 50%。雖然 Facebook 在 2018 年第二季度仍保持高度成長且成長率達 42%，但第三季度的營收增長率放緩到了 33%，這是因為作為主要收入來源的 Facebook 平台使用者人數增加速度減緩，以及受到了歐洲各國修訂的個人資料保護法從 2018 年 5 月開始生效影響的關係。

Facebook 的廣告類型別收入比例

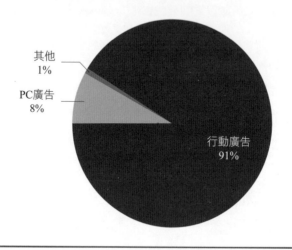

資料：Facebook、韓亞金融投資

Facebook 的地區別收入比例

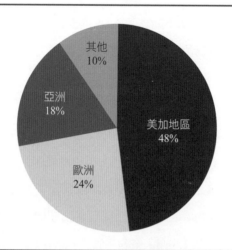

資料：Facebook、韓亞金融投資

Facebook 最近的業績成長會放緩，與使用者個人資料保護議題和 Facebook 努力刪除假帳號有一定程度的關係。2016 年美國總統大選時，共和黨陣營的媒體企業利用了 Facebook 使用者個人資料的「劍橋分析」（Cambridge Analytica）事件發生後，要求強化網際網路企業，特別是社群網路企業相關法規的呼聲變得越來越高。對此，Facebook 正在積極地努力挽回使用者的信任。

Facebook 的月活躍用戶已經超過了 22 億人。由於最近發生的各種個人資料議題導致 Facebook 使用者的訪問時間減少（雖然只是一時的現象）、Facebook 積極刪除假帳號，Facebook 的 MAU 和 DAU 的增加幅度與前一季度相比略為下降。

Facebook 的 MAU 變化

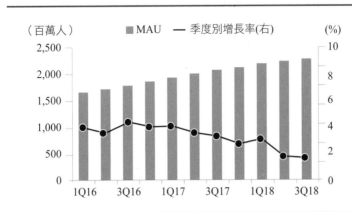

* 備註：與前一季度相比的增長率
資料：Facebook、韓亞金融投資

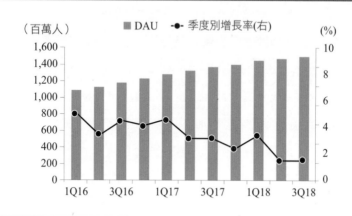

Facebook 的 DAU 變化

（百萬人）　■ DAU　-●- 季度別增長率(右)　(%)

* 備註：與前一季度相比的增長率
資料：Facebook、韓亞金融投資

　　Facebook 最近的營收增長幅度正在縮小。2019 年可以說是 Facebook 為了再創佳績而存在的轉換期及準備期。雖然過去是由 Facebook 平台帶動廣告收入的增長，但比起最近收入增長放緩的動態消息部門，Facebook 計劃將最近成長性受到矚目的影片部門擴張為新的成長領域。此外，Facebook 也計劃積極活用 Instagram 和 WhatsApp 服務建立各種盈利方案。

　　Instagram 的成長前景尤為樂觀。這是因為有別於 Facebook 平台的使用者中年輕客群（包括 10 ～ 20 歲）的比例較低，Instagram 相當受年輕人歡迎。而利用 Instagram 限時動態開發的影片廣告等廣告商品更是得到了廣告商們的好評。

　　除了 Instagram，WhatsApp 的業績貢獻也值得期待。Facebook

推出了新的服務，讓企業們能將 WhatsApp 當作與消費者溝通的管道，並從中收取手續費。從 Instagram 的 MAU 超過 10 億人、WhatsApp 的 MAU 超過 15 億人的情況來看，像這樣開發各種服務，有望為今後的業績增長帶來很大的貢獻。

4. 積極投資安全技術與人力，可能影響短期獲利能力

為了解決個人資料保護與假帳號等各種問題，Facebook 計劃積極投資安全技術和人力，而這樣的計畫可能會導致短期內成本增加、獲利能力下降。但從長期來看，這是為了保持業績穩定攀升所做的短期成本擴增。

Facebook 的營收 & 增長率前景

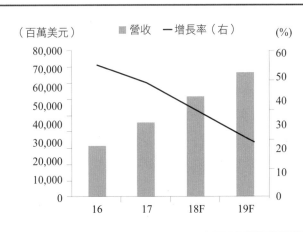

資料：Facebook、彭博市場預估值、韓亞金融投資

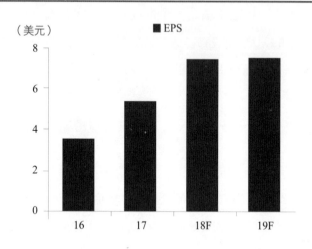

Facebook 的每股盈餘 (EPS) 前景

資料：Facebook、彭博市場預估值、韓亞金融投資

　　2019 年，Facebook 的營業成本有望同比增長 40 ～ 50%。
Facebook 應該會投入更多與安全相關聯的成本，並積極投資 AR、
VR、影片內容等中長期成長領域。雖然 Facebook 的短期獲利能力
會因為成本增加而減弱，但從投資未來的觀點來看為正確的選擇。
在安全投資方面，雖然個人資料竊取等議題最近成了社會問題，市
場的擔憂恐怕無法消除，但 Facebook 很有信心地表示會在 2019 年
達到內部訂定的安全水準目標。

5. 長期股價前景

　　從 2014 年開始維持上升趨勢的 Facebook 股價，在 2018 年初因為個人資料保護議題曝光而暴跌。這是因為隨著 Facebook 等社群網路企業頻繁傳出與使用者個人資料保護相關的負面新聞，各平台使用者的加入情況受到了負面影響。此外，繼歐洲之後，在美國要求強化網際網路企業的個人資料保護相關法規的呼聲也變得越來越高。

　　Facebook 目前正在積極面對個人資料保護相關議題，並策略性地強化安全技術與人力。2019 年，Facebook 基於 Instagram、WhatsApp 等熱門平台建立了新的營收模式，其業績出現了反彈，新加入的使用者人數也在回升，股價也終於出現了反彈。雖然關於個人資料保護議題的聲浪可能會再持續一陣子，但法規被強化的可能性看起來並不大。

　　Facebook 是最具代表性的中長期高成長企業。這是因為基於行動的社群網路服務平台市場預計會長期大幅擴大，而且 Facebook 持有的社群網路服務代表平台都具有壓倒性的地位。

　　在行動平台，照片和影片產業的需求預計會持續增加，而 Instagram 有望作為代表平台，鞏固其市場力量。Facebook 目前也正在將影片事業發展成 Instagram 最重要的成長動能。此外，Facebook 還在 Instagram 平台推出了購物等各種新的服務，進一步從多方面強化盈利方案。Instagram 的業績貢獻從 2018 年開始迅速增加，今

後有望變得更大。

近幾年的股價變動

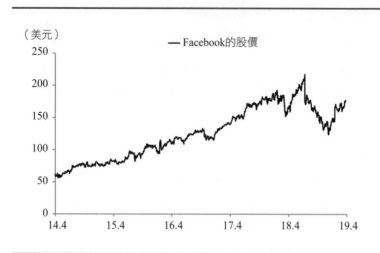

Facebook 目前的股價為 2019E PER 23 倍。雖然 Facebook2019
在年的 EPS 會因為其為了強化安全技術及人力，策略性地增加成
本，而維持在與前一年相似的水平，但其未來的 EPS 有望穩健增
長，於 2020 年增長 17%、2021 年增長 22%。考慮到穩健的中長期
成長性和穩定的利潤增加前景，Facebook 中長期的股價有望保持上
漲走勢。

6. 創始人介紹：馬克・祖克柏

　　馬克・祖克柏從小就展現出了優異的程式設計及開發實力。他曾開發一套應用程式，幫助他父親辦公室的員工們交流，高中時還開發了一款叫「Synapse Media Player」的軟體。這是一款會利用人工智慧掌握使用者的音樂鑑賞習慣的音樂播放器。微軟當時曾試圖招攬祖克柏，但他拒絕了微軟的邀約，進入了哈佛大學。

　　不僅是電腦，祖克柏對人文學和心理學也很有興趣。據說，祖克柏高中時在西洋古典學科目表現傑出，大學時則喜歡讀《伊利亞德》一類的史詩。此外，他大學時不僅主修電腦科學，還修讀了心理學。被問到讀心理學的原因時，祖克柏在採訪中表示「人最感興趣的是其他人發生了什麼事情」。我們可以說，Facebook 之所以會成為最具革命性的「交流」平台，就是因為祖克柏對人抱有興趣。

　　Facebook 的前身是利用學生們的照片評比魅力程度的 Facemash，其純粹始於朋友們之間的惡作劇。2004 年，祖克柏建立了 Facebook，開始提供只有哈佛大學學生能使用的人脈管理服務。在這之後，Facebook 的服務範圍擴散到了美國所有的大學和高中。到了 2006 年，任何 13 歲以上的人都能使用 Facebook。

　　Facebook 成功的秘訣與馬克・祖克柏的理念有很大的關係。祖克柏曾說過「如果是為了改善某件事情，就算是將其顛覆也沒有關係」。他的 Facebook 個人檔案上的興趣欄也充分展現出了他的理念。「開放、顛覆、革命、資訊流、極簡主義、想消除掉所有不

那麼重要的東西的慾望。」

　　馬克·祖克柏對其他人有很大的興趣，並顛覆了所有現有的溝通方式，建立了新的平台、引領了交流革命。他的成功故事就根植於他的理念。Facebook 總是會以新的方式提供服務、追求創新，而祖克柏的理念也在這方面充分展現了出來。

Netflix

NFLX.US

Netflix	
成立年度	1997
上市日期	2000／4／18
主要股東	資本集團（Capital Group Companies INC）10.72%
CEO	里德・哈斯廷（Wilmot Reed Hastings Jr.）
網頁	www.netflix.com

Key Data	
上市股票	美國
總市值（十億美元）	163.9
PER（2019E）	94.3
52週最高／最低	423／231
當前股價（美元）	375

* 基準日：2019／4／26

主要營業結構	
影片串流	96.10%

* 備註：2018年底

1. 全球最大線上串流媒體企業

Netflix 是全球最大的線上影片串流服務企業。除了中國，Netflix 已經打入了全世界大多數的國家。隨著智慧設備日益發達，影片的消費方式變成了能在想要的時間、想要的地點享受電影和電視節目。影片串流服務市場正隨著這樣的趨勢快速成長，Netflix 的地位也跟著日益鞏固。

Netflix 服務的核心競爭力是原創內容。Netflix 正在積極投資內容製作，並不斷製作大規模的熱門作品。在這樣的努力下，Netflix 的品牌力正在日益變強。大量製作只能在 Netflix 收看的熱門影集，例如《紙牌屋》、《勁爆女子監獄》、《怪奇物語》等，並且促進會員增加的內容就是 Netflix 的核心競爭力。

2. 影片串流產業有望加速成長

OTT（Over The Top）服務指的是透過網際網路，直接將影集、電影等各種媒體內容提供給會員的服務。各種智慧設備的發展使人們的內容消費管道從電視變成了智慧設備。而 OTT 產業正隨著這樣的趨勢迅速成長。OTT 服務強調便利性和泛用性，會透過各種裝置與作業系統提供給消費者。此外，OTT 服務也改變了原本的內容流通結構，市場也正在被擴大。

根據韓國的《放送影像產業白皮書》，2018 年全球 OTT 市場的規模會達到約 33 兆韓元（約 285 億美元）。影片串流市場有

望受到全球智慧設備普及其帶來的生活模式變化的影響持續擴大。

　　隨著內容的流通結構改變，全球「剪線潮」（Cord Cutting）正在擴散，有線電視等傳統付費電視體系裡的用戶逐漸解約，改使用網路電視或 OTT 等新的線上、行動平台。隨著 Netflix 的美國訂閱用戶數超過美國付費有線電視的訂閱用戶，剪線潮以更具體的數字呈現了出來。根據媒體市調公司 Leichtman Research 的統計資料顯示，2017 年 3 月，Netflix 以高達 5,085 萬名收費會員數，超越了美國的付費有線電視訂戶數 4,861 萬人。不僅是美國，中國、韓國等亞洲國家也出現了這種現象。根據韓國情報通信政策研究院（KISDI）的資料顯示，與 2012 年相比，2017 年韓國收費電視服務的解約率從 5.97% 增加到了 6.86%。

　　Netflix 以低於付費電視的價格、差異化的內容和客製化服務，保持著作為第一名企業擁有的品牌實力。2017 年市調機構 ComScore 的調查（複選）中 OTT 服務偏好度的調查結果顯示，Netflix 約為 74%、YouTube 為 54%、Amazon 的「Prime Video」為 33%。此外，Sensor Tower 的調查結果顯示 2018 年第三季度，美國的月費型 OTT 服務的排名依序為 Netflix、YouTube、HBO NOW、HULU、Starz。

　　如果除去中國，全球網際網路訂戶估計約有 7 億人。因此，Netflix 的全球滲透率估計約為 17%。但如果考慮到 Netflix 的美國市場滲透率約為 60%，其海外市場滲透率其實只有 10%。因此，Netflix 海外市場訂戶的增加潛力相當地高。

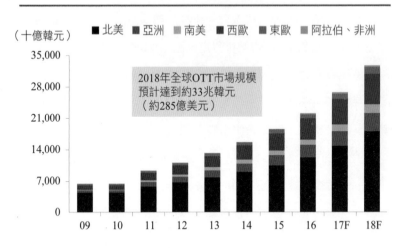

資料：《放送影像產業白皮書書》、韓亞金融投資

3. 事業結構及營收前景

　　Netflix 的事業分成線上串流服務事業和 DVD 出租事業，但其中 98% 的營收來自串流服務。因此對 Netflix 的成長來說最重要的要素為訂戶的增加情況。2018 年第三季度，Netflix 的總訂戶數同比增長了 26%、將近 1.4 億人，付費會員數也增長了 25%、超過了 1.3 億人。如果以前一季度為基準，則分別增加了 5%。

整體訂閱用戶數變化

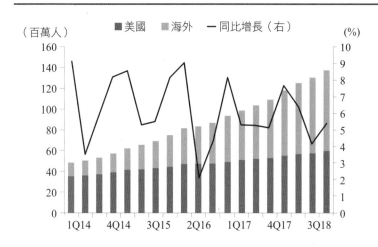

資料：Netflix、韓亞金融投資

付費訂閱用戶數變化

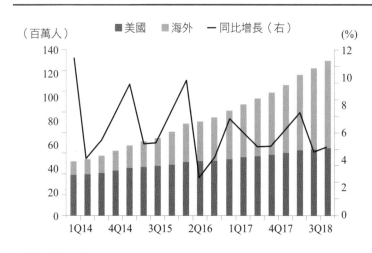

資料：Netflix、韓亞金融投資

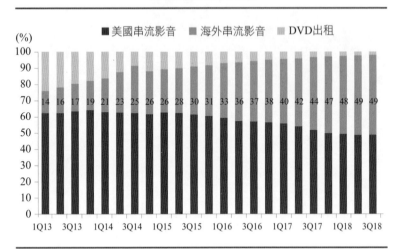

事業別營業收入比例

資料：Netflix、韓亞金融投資

　　Netflix 的美國市場滲透率已經達到了 60%，因此其將成長策略的重點放在拓展海外市場上。除了中國以外，Netflix 已經進軍了 200 多個國家。最近海外市場訂戶數快速增加，整體訂戶與付費會員中，海外訂戶數的比例分別達到了 57%、56%。而隨著最近海外訂戶數增加，海外串流服務的營收在 2018 年第二季度首次超越了美國串流服務的營收。

　　我估計 Netflix 今後的訂戶數會受到 Netflix 拓展海外市場的影響繼續穩健增加。而針對海外市場，Netflix 計劃將重點放在亞洲地區。Netflix 最近發表其將在亞洲推出 17 個新的原創影集，並將亞洲地區的內容投資金額增加為兩倍。Netflix 正在日本、台灣、泰國、

印度、韓國等國家，以各國語言製作符合各國潮流的電影和電視節目。與歐洲相比，亞洲是 Netflix 最晚進入的市場，滲透率還非常低，因此有相當高的上揚潛力。此外，在亞洲製作的內容不僅在亞洲受歡迎，在其他地區也很有人氣，這點已經得到了證實。

在亞洲市場中，Netflix 視印度市場為最大的策略市場。這是因為印度人口雖然高達 13 億、網路使用者的比例尚低，但近幾年智慧型手機與網際網路普及率正在快速增加。從這點來看，印度具有最大的市場發展潛力。

4. 獲利能力開始正式上升

Netflix 由於過去積極進行投資、擴展海外市場，長久以來收益狀況都不佳，不過其接下來應該會正式進入獲利能力上升期。因為 Netflix 已經在過去幾年積極建構了海外市場網路，而且這個網路已完成了一定程度，訂戶數也正在全面增加。2017 年，Netflix 的營業利益為 8.4 億美元，2018 年時則達到 16 億美元，比前一年增長了 92%。2019 年，其營業利益有望增長 62%、超過 26 億美元。

不過，各季度的獲利能力可能會有波動。Netflix 在推出內容時，比起考慮成本結構，其會在市場需求最大、會得到最佳反應的適當時機推出內容。因此，Netflix 的行銷成本會隨著內容上市波動，季度獲利能力也會受到影響。

Netflix 的營收 & 增長率變化

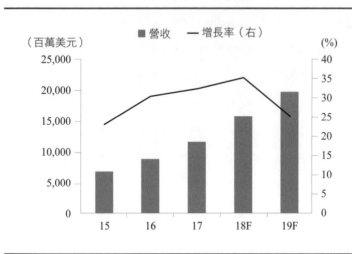

資料：Netflix、彭博市場預估值、韓亞金融投資

Netflix 的每股盈餘 (EPS) 前景

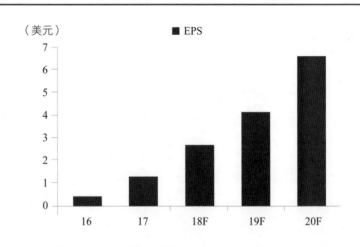

資料：Netflix、彭博市場預估值、韓亞金融投資

5. 長期股價前景

影響 Netflix 股價的最大因素是訂戶數的增加情況。Netflix 過去的股價之所以能保持上漲，是因為付費會員數同比增長了 25% 以上。其中，海外市場訂戶數更是增長了 40% 以上。我預測今後對 Netflix 的股價前景來說，最重要的因素會是訂戶數的增加速度。此外，Netflix 的訂戶數有望穩健增長。

會看好 Netflix 的訂戶數前景，是因為海外訂戶數的增加潛力大。雖然 Netflix 在美國的滲透率高達 60%，但海外市場滲透率仍只有 10%。此外，Netflix 在過去數年積極建立了海外市場發行網路。現在，其效果有望全面顯現出來。

會看好 Netflix 的訂戶數增加前景的另一個原因是，Netflix 已經證明了其原創內容具有高度的競爭力。在推出大量的熱門影集後，Netflix 的品牌力正在提升。Netflix 的作品不僅達到了高收視率，其藝術性近幾年也贏得了高度的肯定。在 2018 年美國電視劇頒獎典禮「艾美獎」上，Netflix 的原創內容贏得了 23 座獎項，與 HBO 並列第一。Netflix 僅在投入心血於原創內容不到五年的時間裡，就與過去連續 16 年獲得最多艾美獎的 HBO 並駕齊驅。此外，在 121 個總提名中，Netflix 獲得了 112 項提名、HBO 獲得了 108 項提名，其提名數甚至勝過了 HBO。

近幾年的股價變動

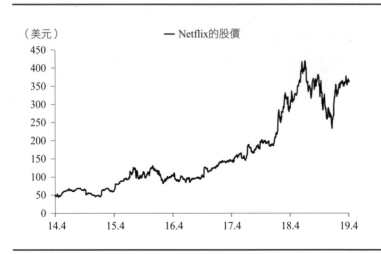

Netflix 目前的股價為 2019E PER 94 倍。Netflix 過去幾年都在積極拓展海外市場，投資人也比較關注成長性而非獲利能力。但從 2018 年開始，Netflix 致力於改善獲利能力，因此今後有望正式進入獲利能力上升期。此外，Netflix 2018 年到 2021 年的 EPS 預計會年平均增長 70%。

　　全球 OTT 市場預計會持續加速成長，而第一名企業 Netflix 應該會是最大的受益企業。受到營收因為訂戶數持續增加而保持高度增長的影響，Netflix 今後數年的獲利能力應該也會跟著直線上升。因此，Netflix 的中長期股價前景也有望保持上漲走勢。

6. 創始人介紹：里德・哈斯廷

里德・哈斯廷出生於 1960 年。他在鮑登學院主修數學，並在史丹佛大學取得了電腦科學碩士學位。哈斯廷的第一份工作是在 IT 企業 Adaptive Technology 負責開發軟體除錯程式。1991 年，他設立了一家軟體開發工具製作公司 Pure Software，並只花了六年就使 Pure Software 快速成長。在 Pure Software 被 Rational Software 收購後，哈斯廷於 1997 年創立了 Netflix。

哈斯廷之所以會創立 Netflix，起因於他對於租錄影帶時如果沒有按時歸還，就必須支付高額的逾期罰金這點抱持質疑。因此他決定提供消費者能利用網路租借、觀看電影的服務。公司名稱「Netflix」是代表網際網路的「Net」和代表電影的「flick」結合而成的單字。

Netflix 最初提供的服務，是用快遞或郵寄將會員網購的錄影帶或 DVD 送到會員手裡。2007 年，Netflix 將事業領域拓展到了網路串流影片。

哈斯廷能想出網路串流服務並將其實現固然厲害，但促使 Netflix 成功的最核心要素，是哈斯廷重視「故事」擁有的力量，並集中投資了內容開發。隨著技術開發的速度加快，內容力量將變得更強。也就是說，當擁有內容的企業獲得技術，這個企業就會更有競爭力。而最值得關注的一點是 Netflix 並沒有滿足於只透過 OTT 服務提供已經製作好的電影或電視節目，Netflix 一直以來都致力於

自主開發內容，然後就這樣稱霸了內容產業。每當 Netflix 精彩的影集開播，其訂戶數就會邊增，這正大大證明了 Netflix 的內容力量。

第二章
覷覰成為第二個 FANG 的美國龍頭企業

蘋果

AAPL.US

蘋果	
成立年度	1976
上市日期	1980／12／12
主要股東	先鋒集團（Vanguard Group INC）7.14%
CEO	提姆・庫克（Tim Cook）
網頁	www.apple.com

Key Data	
上市股票	美國
總市值（十億美元）	963.3
PER（2019E）	17.9
52 週最高／最低	233／142
當前股價（美元）	204

* 基準日：2019／4／26

主要營業結構	
iPhone	62.80%

* 備註：2018 年底

1. 全球最大IT企業

　　蘋果是一家設計、開發、銷售消費電子產品、電腦軟體和線上服務的美國跨國技術公司，其主要產品包含 iPhone（智慧型手機）、iPad（平板電腦）、iMac（桌上型電腦）、Apple Watch（智慧型手錶）、Apple TV（智慧電視）、HomePod（智慧喇叭）；軟體有 Mac OS、iOS 作業系統、iTunes media player、Safari 網頁瀏覽器；線上服務則有 iTunes Store、iOS App Store、Mac App Store、Apple iCloud。

2. 對全球智慧型手機產業而言，2019年是為了2020年的成長做準備的一年

　　2011 年智慧型手機萌芽期開始後，全球智慧型手機的銷售量就開始高度增長。2013 年，全球智慧型手機出貨量超過了 10 億台，2016 年則超過了 15 億台。但從 2016 年開始，市場達到了飽和狀態，增長率放緩到了個位數出頭、僅達 4%，2017 年只有 3%。2011 ～ 2015 年，先進市場北美與歐洲的增長率達兩位數，但 2016 年北美的營收增長率為 0%、2017 年歐洲的營收增長率為 −4%，分別呈現停滯與負成長。此外，屬於開發中國家市場的中國為全球規模最大的獨立市場，其營收增長率也從 2015 年開始以 2% 的速度快速放緩。2016 年，中國以外的其他亞洲地區增長率只有 8%，開始呈現個位數，但因為 2017 年也增長了 6%，因此仍屬於增長率相對良好的地區。

2018 年智慧型手機出貨量與前一年相比預計為負成長

資料：Counterpoint Research、韓亞金融投資

　　全球市調企業 Counterpoint Research 最近一期的智慧型手機市場前景報告顯示，2018 年智慧型手機市場的成長率為 –1.3%，有史以來首次呈現負成長。其銷售量已如預測在 2017 年第四季度出現了負成長，而 2018 年第三、第四季度，這個走勢估計會持續下去。從 2011 年智慧型手機萌芽期到 2017 年持續成長的智慧型手機市場停止了成長。

　　會推測 2018 年、2019 年智慧型手機銷售量會呈現負成長，是因為先進市場的銷售量持續在負成長，而且全球規模最大的市場，即中國市場的增長也在放緩。在智慧型手機占整體手機的比例為全球平均值、75%（2018 年上半年基準）的地區，智慧型手機的換機週期變長，市場成長率受到了阻礙。

亞洲智慧型手機出貨量及同比增長率

資料 : Counterpoint Research、韓亞金融投資

中東、非洲智慧型手機出貨量及同比增長率

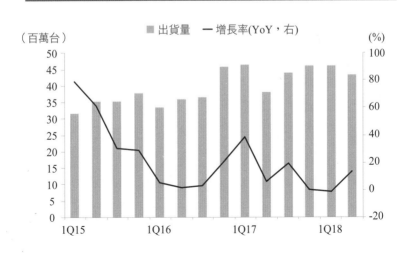

資料 : Counterpoint Research、韓亞金融投資

　　近兩年智慧型手機的全球平均銷售單價（ASP）略為上升。雖然大部分的 IT 產品價格下降，但智慧型手機卻呈現出了不同的走勢。北美和中國的平均銷售單價會大幅上升，主要原因分別為市占率高的蘋果價格上漲，以及中國四大廠商的手機價格上漲。而兩地區出貨量的負成長幅度大，同樣與平均價格上漲有密切的關係。換機週期會變長，有可能是因為手機價格昂貴，使得消費者猶豫是否要下手購買。智慧型手機的平均價格（P）上升與出貨量（Q）負成長正在互相影響。但以營收（P×Q）為基準時，其仍在持續增長。2019 年的出貨額估計同樣會因為消費者價格阻力與銷量停滯而放緩。

全球及地區別智慧型手機的平均售價變化

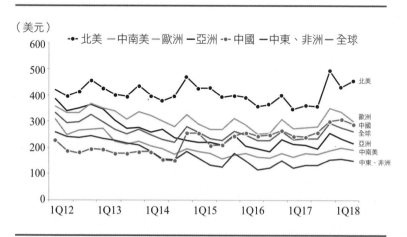

資料：Counterpoint Research、韓亞金融投資

不過，我預測到了預計 5G 會商用化、可折疊式智慧型手機銷量會全面增長的 2020 年，將會再度形成一個銷量和價格都增加的環境。2019 年將會是為了 2020 年的成長而做準備的一年。

3. 事業結構及營收前景

蘋果的事業可以分成 iPhone、Mac（Portable & Desktop）、iPad、服務和其他商品。iPhone 的營收占總營收最大的比例、為 63%，Mac 約占 10%、iPad 占 7%、服務銷售占 14%、其他商品占 6% 左右。其他商品包含 iPod、配件、iTunes 軟體及服務、其他與音樂有關的商品及服務。iPhone 在總營收占的比例從 2009 年的 30% 左右大幅增加到了 2015 年的 66%。2018 年則達到了 63% 左右。反觀 Mac，其比例從 2009 年的 32% 左右大幅下降，2018 年僅占 9.6%。

如果依地區細分整體營收，北美占 42%、歐洲占 23.5%、中港台占 19.5%、日本占 8%、其他亞洲地區占 6.5%。北美、歐洲、中港台地區的營收合計占 85%。從季節來看，有 30 ～ 35% 的年營收集中在 10 ～ 12 月（第四季度），這是因為蘋果會在九月推出新機型，而新機型會在銷售初期有較顯著的銷售成績的關係。

iPhone 3G 為蘋果成功的開端。2010 ～ 2012 年，蘋果的營收分別同比增長了 52%、66%、45%，可謂勢如破竹。在這之後，其增長率呈現了個位數。2015 年，為了滿足渴望更大畫面的市場需求，蘋果推出了 iPhone 6、iPhone 6 Plus，銷售增長率因此再次達到了

蘋果的事業部門別營收比例

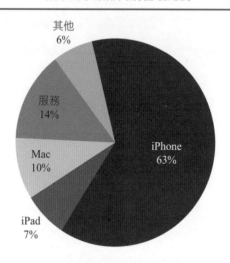

* 備註：FY2018 基準
資料：蘋果、韓亞金融投資

蘋果的地區別營收比例

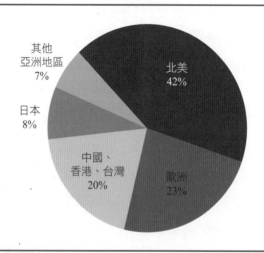

* 備註：FY2018 基準
資料：蘋果、韓亞金融投資

兩位數的 28%。2016 年雖然呈現負成長，又有創新性不復存在的爭議，但之後銷售反彈，並維持著平緩的走勢。

4. 平均銷售單價上調策略

　　蘋果最近的業績變化中最令人印象深刻的是，明明全球智慧型手機的銷售量增長放緩，但蘋果的業績上升。這是因為蘋果採取了高價策略。蘋果採取的是致力於上調平均銷售單價而非提升銷售量的策略。2017 年上市的 iPhone 8 出貨價格為 699 美元，但新推出的機型 iPhone X 的價格卻大幅上漲到了 999 美元。2018 年推出的 iPhone XS 雖然為 999 美元、與 iPhone X 價格一樣，但同時推出的 iPhone XS Max 的出貨價格卻高達 1,099 美元，超過了 1,000 美元。有別於三星電子、LG 電子以中低價位手機為主占有市場，蘋果光是高端智慧型手機一年的銷售量就高達 1 億台以上。因此，就算總銷售量（Q）停滯，蘋果也能透過抬高價格（P）維持高營收（P×Q）。此外，蘋果的服務收入比例從 2016 年的 11% 擴大到了 2018 年的 14%。iPhone 等硬體的依賴度下降，也是業績提升的其中一個原因。

蘋果的業績變化（CY 基準）

（百萬台、美元、百萬美元）

	2012	2013	2014	2015	2016	2017	2018	2019F	2020F
iPhone 的銷售量	135.8	153.5	192.7	231.5	215.4	215.8	206.3	185.5	189.7
iPhone 的平均銷售單價	629	607	626	672	647	686	762	–	–
蘋果的整體營收	164,687	173,992	199,800	234,988	218,118	239,176	261,612	256,362	270,959
蘋果的整體營業利益	54,901	48,491	59,366	71,155	59,212	64,259	67,970	62,448	67,918
蘋果的整體營業利益率	33.3%	27.9%	29.7%	30.3%	27.1%	26.9%	26.0%	24.4%	25.1%

*CY: Calendar Year，1/1~12/31
資料：蘋果、韓亞金融投資

蘋果的營收 & 營業利益率變化

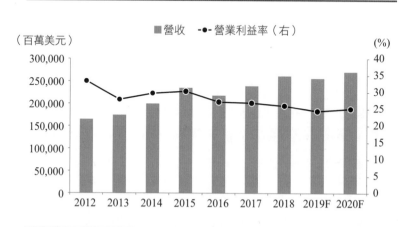

資料：Counterpoint Research、韓亞金融投資

5. 長期股價前景

　　從 2018 年 9 月到年底，蘋果股價暴跌了將近 45%，2019 年初到目前止則漲了 26%，呈現反彈。蘋果的股價會暴跌，是因為新 iPhone 的需求前景變弱，且銷售增長幅度大幅減少的關係。

　　雖然新 iPhone 的需求不如預期，但蘋果股價的前景依舊樂觀。雖然智慧型手機的整體需求減少，蘋果仍選擇了強化作為高端手機的品牌形象、採取了價格上調策略。就是因為採取了 ASP 上調策略，即使 iPhone 的銷售量停滯，其銷售額仍保持了強勁增長。

　　蘋果客戶的品牌忠誠度高，這點特別令人振奮。值得注意的是，在美國進行的 iPhone 忠誠度調查顯示，最近的忠誠度反而在變高。最近摩根・史坦利以 1,000 名美國智慧型手機使用者為對象進行的調查顯示，未來 12 個月內可能會換智慧型手機的蘋果客戶中，92% 的客戶有計劃回購。這明顯高於其他競爭企業。這個數字比前一年進行的忠誠度調查結果高了 6%p 左右，而且是自 iPhone 6 上市、2015 年 9 月的調查結果顯示為 93% 以來，達到的最高值。像這樣，客戶的高忠誠度正是蘋果的驕傲以及其快速成長的動能。

　　全球最具代表性的投資人巴菲特會高度看好蘋果的投資前景，第一個原因就是因為蘋果的客戶忠誠度高。蘋果有望基於這樣的高客戶忠誠度，在全球 IT 產業保持最穩定又穩健的增長走勢。

　　蘋果當前股價為 FY [11]2020 年（2020 年 9 月結算）PER 18 倍。由於前一年的基數高，FY2019 年的 EPS 預計不會有太大的變化，但從 FY2020 年開始，EPS 有望開始以兩位數增長。作為未來的新增長動能，蘋果現階段策略性地在推動的服務事業有望保持穩健成長，並做出穩定的利潤增長貢獻。

　　蘋果的品牌價值有望基於客戶的高忠誠度繼續上升。未來幾年，蘋果穩定的成長和穩健的獲利能力有望保持下去，其股價也有望跟著保持強勁的上漲走勢。

近幾年的股價變動

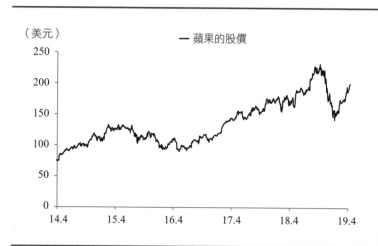

11 fiscal year，財政年度。

6. 創始人介紹：史蒂夫‧賈伯斯

　　賈伯斯從小學開始就是個常常翹課的問題少年。但他的人生在得到業餘電子套件「Heathkit」的那一刻起發生了改變。賈伯斯從這時開始學會了電子產品的運作原理。1972 年，賈伯斯曾在波特蘭的里德學院修讀哲學，但只讀了一個學期就退學，並在 1976 年與朋友史蒂夫‧沃茲尼克（Steve Wozniak）創立了蘋果電腦。

　　蘋果發表了第一台個人電腦 Apple I，並在 1984 年推出了搭載 GUI 的 Apple Lisa 對抗 IBM，但因為硬體與軟體的成本過高而以失敗告終。1985 年，賈伯斯退出了經營陣營。離開蘋果後，賈伯斯創立了 NeXT，開發出了全球第一個面向物件的作業系統 NextStep。1986 年，蘋果收購了一家電腦繪圖公司並將其更名為 Pixar，這間公司後來變成了好萊塢首屈一指的動畫企業。1997 年，隨著 NeXT 被蘋果收購，史蒂芬‧賈伯斯回到了蘋果，並在當年七月重返了 CEO 職位。當時，蘋果虧損嚴重，虧損額高達 10 億美元，但在賈伯斯回歸後，蘋果轉虧為盈，利潤達到了 4 億美元。

　　讓賈伯斯成為首屈一指的 CEO 的最大功臣，可以說是使用 iOS 的行動設備。2007 年，他推出的 iPod touch 不到一年就席捲了 MP3 市場。接著 iPhone 和 iPad 接連大獲成功，蘋果變成了全世界結合軟體與硬體的企業中最具影響力的企業。但找上賈伯斯的不只事業上的成功，還有病魔，他的健康逐漸惡化，讓他不得不在 2011 年辭去 CEO。同年 10 月 5 日賈伯斯離世，享年 56 歲。

微軟
MSFT.US

Netflix	
成立年度	1975
上市日期	1986／3／13
主要股東	先鋒集團（Vanguard Group INC）7.48%
CEO	薩蒂亞‧納德拉
網頁	www.microsoft.com

Key Data	
上市股票	美國
總市值（十億美元）	995.3
PER（2019E）	28.5
52 週最高／最低	131／92
當前股價（美元）	130

* 基準日：2019／4／26

主要營業結構	
銷售 Windows	38.30%

* 備註：2018 年底

1. 全球代表性混合雲強者

　　微軟曾是全球最大的軟體企業。但因為 PC 出貨量放緩、Windows OS 市占率下降，其經歷了發展停滯期。但微軟成功將主要事業轉換成了雲端和行動事業，並變成了全球代表性的雲端企業。微軟的雲端事業具備的競爭力是能透過原有軟體事業，提供鞏固的企業客戶群混合雲服務，讓客戶能同時使用公用雲服務和活用了現有 IT 系統的私有雲服務。

　　比起馬上改用公用雲服務，選擇提高了與現有系統的相容性、安全疑慮少的混合雲策略的企業用戶需求超出預期，這對微軟來說是相當有利的事業環境。透過混合雲策略與堅實的企業客群基礎，微軟提升了雲端的市占率，縮小了與第一大雲端企業亞馬遜的差距。

2. 在雲端、IT界成長最快的產業

　　全球雲端服務市場正在快速成長。這是因為有許多企業認為，將使用傳統、老舊方式的 IT 系統轉換成數位系統是目前最大的課題。雖然在雲端服務初期的主要客戶是資金有限的中小企業或新創企業，但現在為了適應快速發展的 IT 技術，也有越來越多大企業選擇雲端服務。在 IT 業界，全球雲端市場仍處拓展初期。隨著今後企業轉換雲端的速度加快，雲端產業預計會持續高度成長。

全球公用雲市場前景

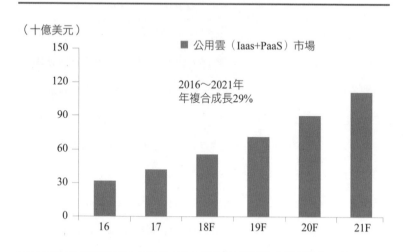

資料：Gartner、韓亞金融投資

公用雲市場占有率

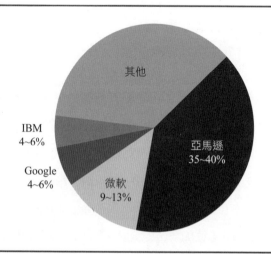

資料：Gartner、韓亞金融投資

　　根據全球 IT 調查機構 Gartner 的調查結果顯示，公用雲（以 IaaS 和 PaaS 基準）市場有望在 2016 ～ 2021 年間增長 29%。作為僅次於亞馬遜的第二大公用雲企業，微軟的市占率大約會達 10% 出頭。

微軟躍升為第二大企業

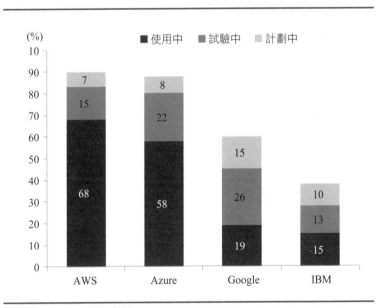

資料：Rightscale、韓亞金融投資

　　企業們的「多雲」策略，也就是比起只使用一個品牌的雲端服務，選擇同時使用多家企業的服務，給微軟帶來了極大的好處。雖然與亞馬遜相比，微軟為後進者，但因為許多企業喜歡將微軟

的雲端用作第二個雲端，其最近快速成長、變成了第二大企業。此外，微軟目前正基於廣泛的現有客戶基礎和客戶的高信賴度，快速拓展企業服務市場。在雲端市場，微軟的公用雲服務 Azure 的成長速度最快。此外，根據 SurveyCake 以雲端服務企業用戶為對象進行的調查也證實了企業客戶對微軟的偏好度從 2017 年開始急劇上升。

公用雲使用率變化

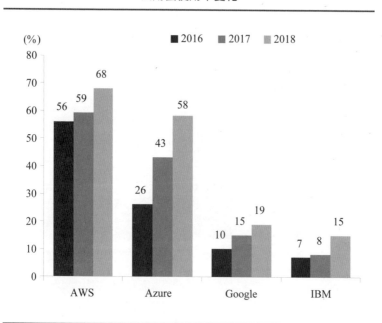

資料：Rightscale 問卷調查 2016~2018、韓亞金融投資

3. 事業結構及營收前景

　　微軟的事業分成三大領域：以 Windows 事業為中心的「個人運算」事業；提供雲端基礎設備服務和使用了傳統方式的伺服器、系統的「智慧雲端」事業；以及「P&BP」（Productivity & Business Process，生產力與業務流程）事業。最後一項「P&BP」事業包含透過原有 Office 軟體和雲端提供各種軟體的 SaaS 事業。

　　如果按主要產品細分事業，MS Office 與雲端 SaaS 服務的營收占總營收的 26%，雲端 IaaS 服務與現有的傳統伺服器產品占 24%，Windows 則占 18%。

事業部別營收組成

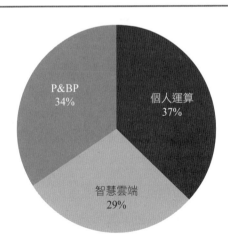

資料：微軟、韓亞金融投資

主要產品別營收組成

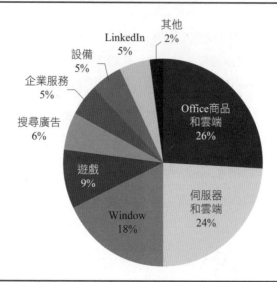

資料：微軟、韓亞金融投資

① 智慧雲端（IaaS ＋現有伺服器事業）

　　微軟有望透過雲端服務持續穩健成長。其雲端事業有幾大優勢。首先，有別於亞馬遜，微軟能採取混合雲策略，同時提供公用雲服務和私有雲服務。最近，企業們對混合雲服務的偏好度高，微軟的雲端事業因而從中受益。

　　第二，由於同時提供基礎設施即服務（IaaS）、平台即服務（PaaS）、軟體即服務（SaaS）這三項服務，微軟正作為綜合性雲端企業創造綜效。目前亞馬遜只有提供基礎設施即服務、平台即服務，但微軟還會透過雲端提供軟體即服務。因此，微軟擁有可以連

動基礎設施即服務「Azure」與軟體即服務的優點。

第三，因為有堅實的企業用客戶基礎，原有客戶容易選擇透過微軟改用雲端服務。此外，微軟不斷在新增各種基於人工智慧的功能於雲端服務，加強產品差異化。

基於這些優勢，「Azure」最近幾個季度的增長率都超過了90%，特別是 Azure 的 Premium 服務收入已經連續 15 個季度增長了三位數。

② **軟體事業（SaaS）**

透過雲端服務提供的軟體產品 Office 365 和 Dynamics 365 在最近一個季度（2018 年 10 ～ 12 月）分別同比增長了 36%、51%，並證明了微軟成功轉型成了雲端服務企業。Azure、Office 365、Dynamics 365 等「商業雲」的總營收同比增長了 47%，達到了 85 億美元，首次超過了 80 億美元。此外，除了營收保持高度增長外，微軟的獲利能力也在改善，商業雲的毛利率達到了 62%，首次超過60%，創下了最高紀錄。

4. 獲益能力將得到改善

微軟最近的業績走勢中令人鼓舞的是，過去幾年獲利能力持續下降的情況終於有望結束、轉虧為盈。這是因為微軟積極縮減了成長停滯、產生虧損的現有傳統事業，並在新的成長動能領域提高

成本效益、改善了獲利能力的關係。

　　接下來的幾年，微軟的毛利率、營業利益率、息稅折舊攤銷前利潤（以下簡稱 EBITDA）預計會在事業結構和獲利能力的改善下持續上升。特別令人鼓舞的是，根據推測，公用雲「Azure」的獲利能力正在接近拐點。此外，商業雲事業的毛利率在最近一個季度達到了 62%，創下新高。

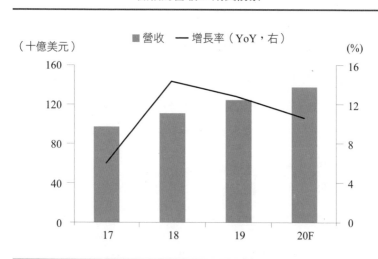

微軟的營收 & 成長前景

* 備註：會計年度 (6 月結算) 基準。FY2018 為 CY2018 年 6 月結算。
資料：微軟、彭博市場預估值、韓亞金融投資

微軟的每股盈餘 (EPS) 前景

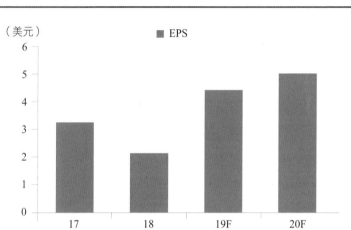

* 備註：會計年度 (6 月結算) 基準。FY2018 為 CY2018 年 6 月結算。
資料：微軟、彭博市場預估值、韓亞金融投資

5. 長期股價前景

微軟曾因為基於傳統 IT 系統的事業陷入停滯，股價橫盤走勢
持續了好幾年。2017 年，在致力於擴張雲端事業並拓展成功後，
微軟的股價開始全面上升。2019 年股價快速反彈，收復了 2018 年
下半年的所有跌幅，並創下了最高紀錄。

微軟的股價有望在接下來的數年長期維持上漲走勢。其主要
原因是因為微軟有望在接下來將高度成長的雲端市場提高競爭力，
同時提高市場份額的關係。

　　微軟不僅在雲端服務市場與亞馬遜登上了兩大巨頭的寶座，現在還在持續強化品牌力。微軟的雲端事業的競爭力是作為最強的混合雲企業，微軟能同時提供公用雲與私有雲服務。

　　混合雲的需求增長估計會比幾年前市場預想的持續更久，而微軟有望成為最大的收益企業。微軟目前與沃爾瑪、福斯汽車、Grab 等新合作夥伴簽訂了雲端服務契約，並積極在對人工智慧技術的開發進行投資，這些都將進一步提升微軟「Azure」的競爭力。

近幾年的股價變動

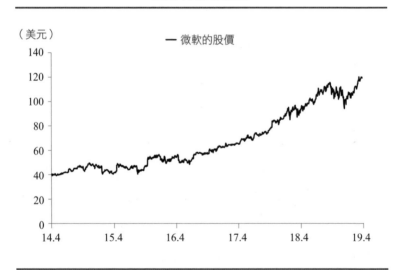

　　微軟的股價目前為 FY2020 年（2020 年 6 月結算）PER 28 倍。待原有的低利潤事業結構調整完畢，且公用雲事業有望發揮營業槓

桿效應，微軟今後的獲利能力有望被全面改善。過去幾年不到 30%
的營業利益率預計會在 2019 年達到 32.6%、2020 年達到 33.6%、
2021 年達到 34.8%，保持上升走勢。此外，未來數年的 EPS 有望
實現兩位數的增長。

除了營收有望持續增長，微軟的獲利能力也有望恢復。此外，
微軟的業績穩定性也比其他大型 IT 企業高。這些要素都使微軟更
受矚目，其股價也有望穩定上升。

6. 創始人介紹：比爾 · 蓋茲

微軟創始人比爾 · 蓋茲（Bill Gates）在還是學生時就已經展現
出了出眾的電腦程式操作實力，好勝心也比其他人強。他從小就開
始親自製作簡單的電腦遊戲，甚至發揮才能、開發了學校的編班程
式。19 歲那年，比爾 · 蓋茲從哈佛大學退學，並於 1975 年與保羅 ·
艾倫（Paul Allen）創立了微軟。比爾 · 蓋茲是引領 PC 革命的企業
家中最為人所知的人物，勝負欲強烈的他為了徹底擊敗競爭公司展
開的事業策略，有時會被外界認為是過度阻擋競爭而遭受譴責。

比爾 · 蓋茲有很多頭銜，「世界首富」是最常被使用的其中
一個。比爾 · 蓋茲從 1987 年就開始登上了《富比士》的富豪排行榜，
而從 1995 年到 2017 年為止，除了其中的 5 年，比爾 · 蓋茲都被公
布是該年度的首富。

但最讓比爾 · 蓋茲聲名遠播的其中一個頭銜是「世界慈善

王」。他不僅透過自己創辦的財團捐贈財產，還資助了各種有益世界的活動。比爾・蓋茲曾公開表示自己將捐出 90% 以上的財產，而不是留給子女，可謂實踐了「貴族義務」（noblesse oblige）[12]。

---

12 一種社會觀念，認為社會地位越高、越有影響力的人，越應該幫助他人。

輝達

NVDA.US

輝達	
成立年度	1993
上市日期	1998 ／ 3 ／ 6
主要股東	FMR LLC　8.09%
CEO	黃仁勳（Jensen Huang）
網頁	www.nvidia.com

Key Data	
上市股票	美國
總市值（十億美元）	108.4
PER（2019E）	33.3
52 週最高／最低	293 ／ 124
當前股價（美元）	178

* 基準日：2019 ／ 4 ／ 26

主要營業結構	
GPU 設計＆銷售	83.80%

* 備註：2018 年底

1. 增長率最高的跨國半導體企業

　　輝達是專門設計 GPU 和 SoC（System on Chip）等圖形處理器的企業，也是 eGPU 市占率超過 70% 的顯示卡大廠。起初，輝達以開發能快速處理多媒體資料的處理器起家。隨著 3D 遊戲市場成長，高規格顯示卡的需求增加，輝達自此開始全面成長。

　　輝達之所以沒有滿足於只作遊戲用高規格顯示卡大廠，變成第四產業的代表企業、引領開發用於執行人工智慧 APP 的超級電腦技術，是因為輝達的 CEO 獨具慧眼，並沒有只將 GPU 用在多媒體上，而是預料到能進一步發展計算技術，而積極開發了技術。基於 GPU 的計算技術得到發展，人工智慧技術跟著進入了全面開展階段。仍處於初期的 AI 晶片市場未來有望以驚人的速度成長。而作為這個市場的領頭羊，輝達有望成為代表受益企業。

2. 遊戲與資料中心市場有望持續中長期高度成長

　　輝達的主要市場包含遊戲用顯示卡市場。遊戲用 GPU 市場有望保持高度成長。這是因為新的遊戲內容正持續被開發，如果電競保持高人氣、VR 遊戲市場全面成長，那高性能 GPU 的需求有望持續增加。而在高性能 GPU 市場極具競爭力的輝達有望在市場擴大下，成為最大的受益企業。

　　在整個 GPU 市場，輝達的市占率為 19%。輝達並沒有製造嵌入式 GPU，只有製造 eGPU。而在 eGPU 市場，其市占率達 73%。

eGPU 的市場占有率

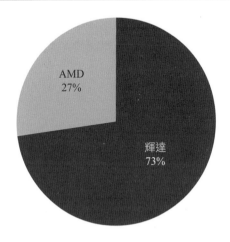

資料：輝達

整體 GPU 市場占有率

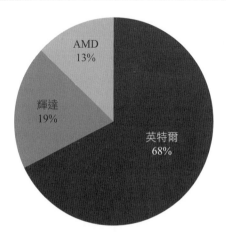

資料：輝達

輝達長期成長的核心動能是 AI 晶片市場。AI 晶片之所以能開發成功，是因為多虧了輝達在 2006 年開發出了 GPU 架構「CUDA」（Compute Unified Device Architecture）。CUDA 是為了進行一般用途的 GPU「GPGPU」（General-purpose GPU）的計算而開發的 GPU 架構。輝達利用能平行計算的優點，將處理圖形的核心處理器 GPU 開發成了用於處理一般資料的 GPGPU。而 CUDA 是一種串聯數千個 GPGPU，將資料處理能力提升到超級電腦水準的技術。

在全面投資 GPU 計算的開發後，輝達於 2015 年推出了用於神經網路的處理器，進入了深度學習領域，並透過推出 DRIVE PX2，開始在自駕車技術開發領域領先其他企業，受到了市場的關注。2017 年推出用於深度學習的 GPU 架構「Volta」後，輝達的人工智慧技術開發速度進一步得到了提升。在 AI 晶片市場，輝達目前的占有率估計超過 90%。

資料中心等需要高性能計算的系統未來將會處理更多的資料，而我們其實已經進入了計算速度被進一步提升的時代。在高性能計算平台，CPU 的局限性變得越來越明顯，因此基於 GPU 的計算平台有望得到進一步的發展、變成高成長產業。輝達最近還將 2022 年資料中心市場規模的預估值從 300 億美元上調到了 500 億美元。

3. 事業結構及營收前景

① 針對遊戲市場的 GPU

　　輝達的產品分成 GPU 和行動處理器 Tegra 兩大類。其中，GPU 的營收高達 84%，占壓倒性的比例。輝達的銷售來源可根據使用平台分成五大類（遊戲、產業專家用產品、資料中心、汽車、其他），其中針對遊戲市場的 GPU 的營收比例最大，高達 57%。而針對資料中心市場的 GPU 的營收比例在人工智慧市場從 2016 年開始成長後大幅增加，從 2016 年的 12% 擴大到了 2018 年的 20%。

　　輝達的 GPU 產品根據用途劃分成了幾個主要品牌。「GeForce」是輝達最廣為人知的代表品牌，其產品涵蓋 PC 遊戲用 GPU 產品。「Quadro」是為了產業領域的 3D CG 製作而特別設計的 GPU。也就是說，Quadro 是專為電腦設計、影音編輯、特殊效果及各種創意領域的設計專家而設計的 GPU。「Tesla」是用於人工智慧深度學習程序的 GPU，屬於一般用途的 GPU 品牌，能快速地平行處理極為大量的簡單運算。

　　輝達的主要增長動能遊戲和資料中心正在保持高增長走勢。遊戲占輝達營收的 57%，市場最大。隨著 3D 線上遊戲和電競人氣上升、虛擬實境遊戲問世，高規格 GPU 的需求暴增，輝達 FY2014 ～ FY2018 針對遊戲市場的 GPU 營收因此年平均增長了 38%。

產品別營業收入比例

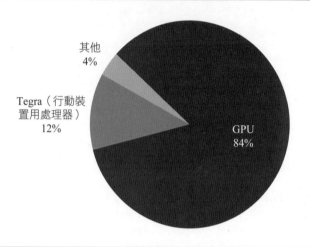

資料：輝達

平台別營業收入比例

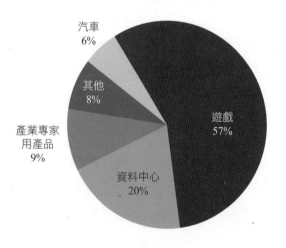

資料：輝達

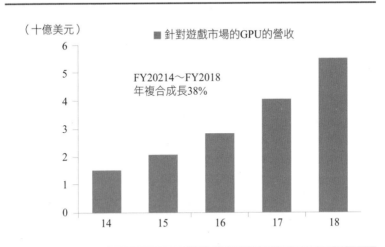

輝達針對遊戲市場的 GPU 營收變化

（十億美元）

■ 針對遊戲市場的GPU的營收

FY20214〜FY2018
年複合成長38%

* 備註：會計年度（1 月結算）基準。FY2018 為 CY2018 年 1 月結算。
資料：輝達

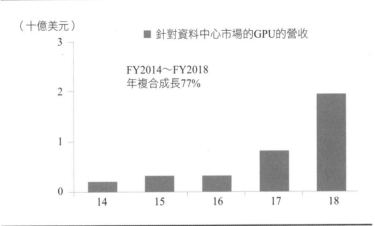

輝達針對資料中心市場的 GPU 的營收變化

（十億美元）

■ 針對資料中心市場的GPU的營收

FY2014〜FY2018
年複合成長77%

* 備註：會計年度（1 月結算）基準。FY2018 為 CY2018 年 1 月結算。
資料：輝達

② 針對資料中心市場的 GPU

輝達針對資料中心市場的 GPU 事業的產品供應對象主要是全球雲端企業的資料中心和超級電腦。亞馬遜、微軟、Google、IBM、阿里巴巴等全球最具代表性的雲端服務企業都是輝達的主要客戶。而為了新增人工智慧功能於資料中心，雲端服務企業們正在積極規劃投資。因此，輝達的中長期成長前景相當樂觀。資料中心 GPU 的營收雖然在 FY2014 約為 2 億美元，但在之後的四年，年平均增長了 77%，FY2018（CY 2018 1 月結算）營收超過了 19 億美元。

4. 獲利能力有望持續上升

輝達的業績走勢中令人鼓舞的是，其不僅營收高度增長，獲利能力也在大幅提升。輝達的營業利益在 FY2016 達到 9 億美元，在 FY2018（CY2018 1 月結算）達到了 32 億美元。營業利益僅在兩年內就增長了將近 4 倍。FY2019 年的營業利益有望比前一年增加超過 50%，達到 48 億美元。此外，營業利益率也將大幅提升，FY2017 的營業利益率 28% 有望在 FY2019 超過 40%。

2018 年，輝達發表了新的 GPU 架構「Turing」。輝達評價 Turing 是輝達近十年來開發的技術中最大的成就。Turing 的核心技術是一種叫「光線追蹤」（Ray Tracing）的技術。這是一種會透過光線追蹤渲染，模擬光線被物體反射的樣子，來表現顏色深淺的技術，而這項技術將能讓顯示卡更完美地表現立體感。

輝達的營收 & 成長前景

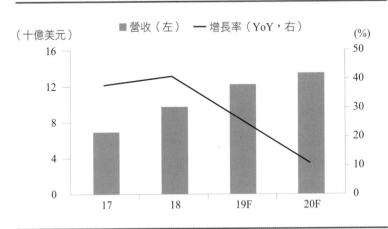

（十億美元）　　■ 營收（左）　── 增長率（YoY，右）　　(%)

* 備註：會計年度（1 月結算）基準。FY2018 為 CY2018 年 1 月結算。
資料：輝達、彭博市場預估值、韓亞金融投資

輝達的營業利益前景

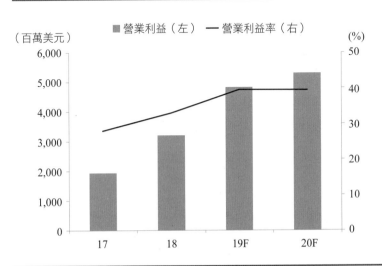

（百萬美元）　　■ 營業利益（左）　── 營業利益率（右）　　(%)

* 備註：會計年度（1 月結算）基準。FY2018 為 CY2018 年 1 月結算。
資料：輝達、彭博市場預估值、韓亞金融投資

5. 長期股價前景

　　輝達的股價從 2016 年開始全面攀升，並在 2017 年到 2018 年中後，變成了股價上漲速度最快的美國股票之一。而帶動股價上漲的核心原因是 AI 晶片市場估計在今後大幅增長，而在這個領域作為領頭企業的輝達遙遙領先於其他企業。

　　輝達的股價從 2018 年中後開始大幅下跌，但 2019 年呈現了反彈走勢。其股價暴跌的主要原因是隨著加密貨幣挖礦需求減少，針對遊戲市場的中低價位 GPU 庫存大量累積，進而影響了銷售成績。庫存問題預計會在 2019 年得到解決，而針對遊戲市場的高價位 GPU 的營收有望從 2019 年下半年開始全面增加。

　　輝達是全球半導體產業代表性的中長期成長企業。在遊戲和資料中心等主要市場，輝達有望以高度的技術競爭力拓展市場。如果最近發表的基於 Turing 的新產品開始全面做出業績貢獻，輝達有望長期保持高增長走勢。輝達最令人期待的事業是 AI 晶片市場，其在 AI 晶片市場的占有率超過 90%，因此就算未來有競爭企業進入市場，輝達也有望基於高度的技術競爭力和作為龍頭企業具備的競爭優勢，保持與競爭企業的差距。

　　輝達的當前股價為 FY2020（2020 年 1 月結算）EPS 估值的 33 倍。受到針對遊戲市場的中低價 GPU 庫存問題的影響，其 FY2020 的業績估計會觸底反彈。FY2021，針對遊戲市場的高價位新 GPU 有望全面做出業績貢獻，EPS 有望同比增長 37%、大幅反彈。

　　針對遊戲市場的 GPU 需求估計會再次增加，而將成為中長期
增長動能的自駕車事業也有望從 2020 年開始做出業績貢獻。雖然
從短期來看其股價波動性大，但在有望引領中長期成長的 AI 晶片
市場，前景仍很樂觀。因此從長期來看，輝達的股價有望保持上漲
走勢。

近幾年的股價變動

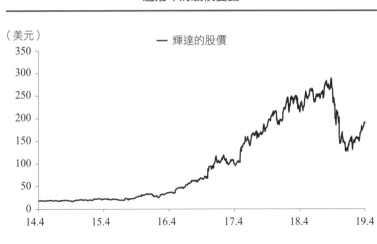

6. 創始人介紹：黃仁勳

　　輝達的創始人兼 CEO 黃仁勳是一個對半導體設計產業的發
展、創新、成長做出了很大的貢獻的代表企業家。黃仁勳於 1963
年出生於台灣。他與家人移民到美國後在俄勒岡州立大學和史丹佛

大學修讀了電機工程。大學畢業後，黃仁勳在 LSI Logic 和 AMD 擔任了微處理器設計師一職，最後在 1993 年創立了輝達。

　　黃仁勳在創立輝達後，經歷過好幾次的失敗，甚至曾面臨攸關企業存亡的巨大危機。輝達推出的第一個 GPU 產品雖然重重地失敗，但黃仁勳虛心接受結果，並將此作為踏板、做了新的嘗試，最終大獲成功。黃仁勳堅信「誠實、溝通、奉獻是克服失敗的力量。只要相信失敗會帶給我們寶貴的教訓並不斷地挑戰，就能茁壯成長。」輝達的成功正證實了他的理念。

　　以設計多媒體顯示卡起家的輝達之所以能成長為新一代創新技術「AI 晶片」開發領域的領頭羊，黃仁勳對技術開發的熱情和對創新技術的獨到眼光發揮了很大的作用。

　　要是黃仁勳沒有在遊戲用高規格顯示卡市場大幅增長時大膽做出決策，決定積極投資執行 AI APP 的超級電腦並開發相關技術，輝達就不會有今日的地位和成功。黃仁勳有長遠規劃，又積極開發與投資創新技術，他的熱情和領導能力是市場對輝達的期待日益提高的最大原因。

Salesforce.com

CRM.US

Salesforce.com	
成立年度	1999
上市日期	2000／12／18
主要股東	FMR LLC 11.63%
CEO	馬克・貝尼奧夫（Marc Benioff）
網頁	www.salesforce.com

Key Data	
上市股票	美國
總市值（十億美元）	128.6
PER（2019E）	61.7
52 週最高／最低	167／114
當前股價（美元）	166

* 基準日：2019／4／26

主要營業結構	
線上零售	100%

* 備註：2018 年底

1. 全球代表性長期成長軟體企業

　　Salesforce.com 是全球最大的客戶關係管理（CRM）軟體企業，
也是透過雲端提供所有產品的軟體即服務（SaaS）代表企業。雖然
比 CRM 領域的現有強者 SAP 和甲骨文晚進入市場，但 Salesforce
透過雲端提供所有服務，即以有別於現有服務的創新平台，得到了
快速的成長。

　　Salesforce 雖然是在 1999 年、原有 CRM 服務強者的市場力量
鞏固時進入市場，但其在 2012 年就擊敗了原本居冠的 SAP，變成
了全球最大的 CRM 企業。雖然甲骨文、SAP 等公司也隨後開始
透過雲端提供 CRM 服務，但都未能追上 Salesforce 的增長速度。
Salesforce 不斷在擴大市占率，其市場份額現在已經超過了 20%，持
續在與排名第二、第三的企業拉開差距。Salesforce FY2018（CY2018
1 月結算）的營收超過了 100 億美元，是創業後在最短的時間內營
收超過 100 億美元的軟體企業。

2. 雲端軟體服務市場有望持續高度成長

　　在 IT 領域，雲端是目前成長速度最快的產業之一。由於不自
行構建 IT 資源、利用雲端服務租用資源的企業日益增加，改用雲
端的速度有望加快。

　　根據提供的 IT 資源類型，雲端服務市場分為基礎設施即服務

（IaaS）、平台即服務（PaaS）、軟體即服務（SaaS）市場。亞馬遜的 AWS、微軟的 Azure、Google 的 GCP 都是 IaaS。在雲端服務領域中，SaaS 市場最早形成，其 2017 年的市場規模超過 700 億美元。該市場的營收預計會在 2017 年～ 2022 年複合成長 17%、保持穩健增長。而到了 2022 年時，其規模有望達到 1,600 億美元。

SaaS 市場由 CRM、ERP、Office 等各種軟體領域構成。其中，CRM 的規模最大（占 42%）。2017 年，CRM 雲端服務市場規模為 318 億美元。在這之後到 2022 年，其規模有望年平均增長 18%，並在 2022 年超過 715 億美元。Salesforce 在包含雲端的整個 CRM 軟體市場占 20% 以上的份額，為排名第一的 CRM 企業。

雲端 SaaS 市場前景

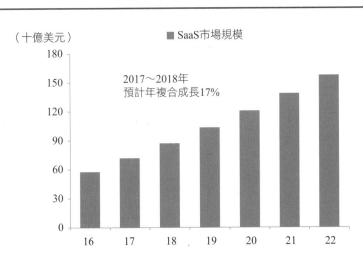

（十億美元）　　　■ SaaS市場規模

2017～2018年
預計年複合成長17%

資料：Gartner

SaaS 領域中 CRM 服務市場的前景

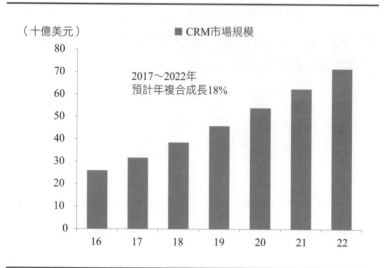

（十億美元）　　　■ CRM市場規模

2017～2022年
預計年複合成長18%

16　17　18　19　20　21　22

資料：Gartner

雲端 SaaS 市場的企業別比例

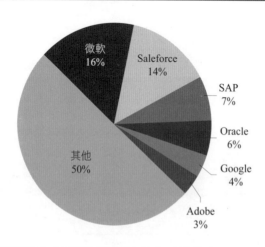

微軟
16%

Saleforce
14%

SAP
7%

Oracle
6%

Google
4%

Adobe
3%

其他
50%

資料：Gartner

整體 **CRM** 市場的企業別占有率

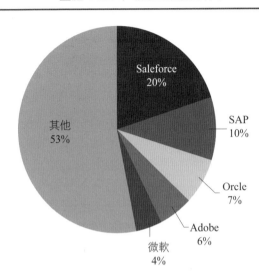

資料：Gartner

3. 事業結構及營收前景

　　Salesforce 提供企業客戶管理客戶時必不可少的銷售、服務、行銷等軟體。Salesforce 的產品由四大類型構成：銷售雲端、服務雲端、行銷＆廣告雲端、平台雲端。

　　銷售雲端提供的解決方案能幫助企業的行銷團隊管理與客戶的關係、提高生產力，進而幫助簽訂更多合約；服務雲端提供的產品能幫助企業提升客戶支援服務，從客服中心軟體到自助入口網站，其產品範圍涵蓋各種客戶支援服務；平台雲端提供客戶有助於

提高業務效率、實現自動化的平台,行銷雲端則提供數位行銷平台。

　　隨著企業和產業的 IT 環境改變,將企業的內部 IT 系統從原有的傳統方式轉換成數位系統是企業目前的首要任務之一。企業們尤其希望在銷售和行銷領域快速完成數位化。因此對 Salesforce 來說,有利的事業環境正在成形。

Salesforce 的服務領域別營收比例

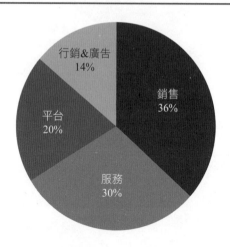

* 備註:FY2018 年 (CY2018 1 月結算) 營收基準。
資料:Salesforce.com、韓亞金融投資

　　由於改用雲端服務的企業比例日益增加，Salesforce 的營收有望保持高增長。其營收在 FY2018（CY2018 1 月結算）首次超過了 100 億美元。Salesforce 目前的長期目標是今後保持穩健的增長走勢，並使接下來到 FY2022 的營收年平均增長 21%、FY2022 的營收達到 220 億美元。在 IT 領域，增長最快的產業為雲端。而今後有望在 SaaS 領域最快速成長的企業是 Salesforce。

Salesforce 的服務領域別營收組成及成長變化

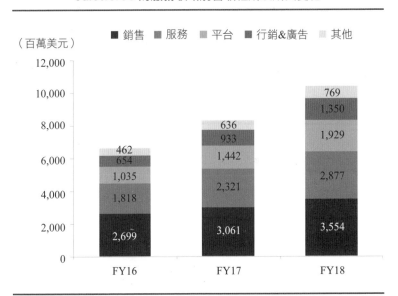

資料：Salesforce.com、韓亞金融投資

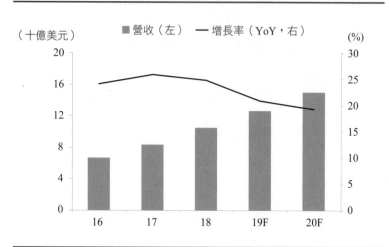

Salesforce 營收有望持續高度成長

* 備註：會計年度（1月結算）基準
資料：Salesforce.com、彭博市場預估值、韓亞金融投資

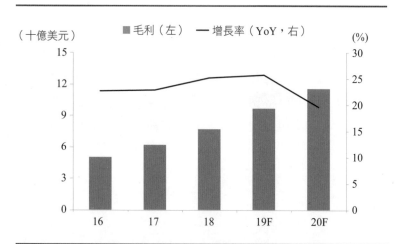

Salesforce 獲利能力有望保持成長

* 備註：會計年度（1月結算）基準
資料：Salesforce.com、彭博市場預估值、韓亞金融投資

4. 正式進入獲利能力上升階段

　　由於積極擴展事業、投資技術開發導致成本增加，Salesforce 的營收增長率雖高，但利潤規模增速相對較低。但從 FY2019 開始其利潤有望全面增長。FY2018 Salesforce 的調整後利潤為 9.9 億美元，而其 FY2019 的調整後利潤有望達到 18 億美元，同比增長 80%。

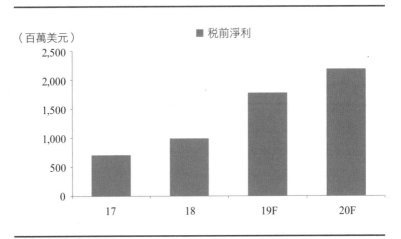

Salesforce 的稅前淨利變化

（百萬美元）

■ 稅前淨利

備註：會計年度（FY 2018 年為 1 月結算）基準
資料：彭博市場預估值

　　另外，「剩餘合約價值」和營收、利潤一樣，是 Salesforce 重要的業績指標，並被視為未來的營收。由於 Salesforce 是基於合約提供軟體即服務的 SaaS 企業，因此剩餘合約價值可以說是其未來

的成長指標。最近一業績季度，即 FY2019 第二季度（CY2018 5 ～ 7 月），Salesforce 的剩餘合約價值同比增長了 36%、達到 210 億美元。雖然最近一季度的營收增長幅度只有百分之二十幾，但過去兩個季度的剩餘合約價值增長幅度都達到了 36%。Salesforce 的營收增長幅度今後有望持續擴大。

5. 長期股價前景

　　Salesforce 的股價從 2017 年開始攀升。股價上漲的主要原因是企業們正在快速進行數位轉型，而 Salesforce 是代表受益企業。

　　最近以企業執行長為對象進行的調查結果顯示，企業們當前的首要課題是 IT 系統的數位轉型。這是因為技術正在快速發展，為了避免錯過伴隨著技術升級而來的優勢，數位轉型相當重要。此外，有許多企業認為，關係到客戶的領域最需要進行數位轉型。企業們的數位轉型對 Salesforce 來說是最有利的成長因素。隨著越來越多企業將雲端服務用於銷售、客戶支援、行銷等核心業務，Salesforce 有望成為最大受益企業。特別是在美國，企業們因為稅制修訂而有了餘裕資金，不少企業應該會將一定程度的餘裕資金用於數位轉型。

　　令人鼓舞的是，大企業也正在積極投資數位轉型。這種現象也能輕易從 Salesforce 最近的契約規模變化中看出來。Salesforce 的契約規模正在擴大、期間也在變長。

　　此外，過去的 CRM 軟體大多單純用於蒐集、維持、管理客戶資料，而現在的 CRM 軟體能執行更多任務。特別是在新增 AI 功能後，其業務效率得到了前所未有的改善。在金融、醫療等更各種產業，數位化 CRM 軟體的需求正在增加。

　　Salesforce 目前的股價為 FY2020（2020 年 1 月結算）EPS 估值的 62 倍。其獲利能力有望快速得到改善，本益比倍數估計會下降到 FY2021、FY2022 估值的 46 倍、36 倍。作為數位轉型的代表受益企業，不僅是營收，Salesforce 的營業利益今後也有望高度增長。

　　從長期來看，目前的企業和產業變化將會成為對 Salesforce 來說非常有利的成長因素。這就是為什麼在全球軟體企業中，Salesforce 的成長性最高、股價有望長期保持上漲走勢。

近幾年的股價變動

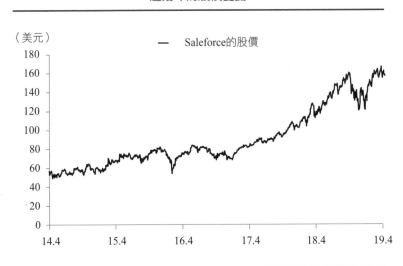

6. 創始人介紹：馬克・貝尼奧夫

馬克・貝尼奧夫是 Salesforce 的創始人兼執行長。貝尼奧夫從小就對電腦有很大的興趣。十五歲時，他製作、販賣了一款名叫「How to Juggle」的程式。貝尼奧夫就讀南加州大學時曾在蘋果實習。賈伯斯給貝尼奧夫留下了深刻的印象，並加深了他對開發 IT 程式的興趣。畢業後，貝尼奧夫進入了甲骨文，並在第一年被評為「年度新人」，三年後超高速晉升成了副總裁。

在甲骨文任職的 13 年間，馬克・貝尼奧夫在銷售、行銷、商品開發等多個事業領域發揮能力並取得了成功。Salesforce 創立於 1999 年，其開始透過網際網路以數位服務形式提供軟體。因為這種創新的事業經營方式，貝尼奧夫被賦予了「雲端先驅」頭銜。

馬克・貝尼奧夫並沒有滿足於透過雲端提供軟體，他還讓客戶能在雲端平台開發自己想使用的軟體和網頁，這就是「以服務形式提供能開發軟體的工具和平台」的平台即服務「PaaS」，而首創這個詞的人正是馬克・貝尼奧夫。

第三章

正在崛起的中國 **BAT** 與日本軟銀

阿里巴巴
BABA.US

阿里巴巴	
成立年度	1999
上市日期	2014／9／19
主要股東	軟銀 28.80%
CEO	張勇
網頁	www.alibabagroup.com

Key Data	
上市股票	美國
總市值（億美元）	4,162
PER（FY 2020.3E）	23.1
52 週最高／最低	211.12／129.77
當前股價（美元）	159.85

* 基準日：2019／6／10

主要營業結構	
電子商務	85%

* 備註：2017 年底

1. 中國規模最大的電子商務企業

阿里巴巴是 1999 年在中國杭州創立、中國最大的電子商務企業。阿里巴巴自 2016 年收購東南亞最大的電子商務平台「Lazada」以來，就在全球電商市場擴展市場力量。此外，阿里巴巴目前正在整合雲端服務、人工智慧技術等第四產業領域和行動支付、實體與線上服務，開拓新的零售事業等基於網路的新消費領域。

阿里巴巴的營收結構

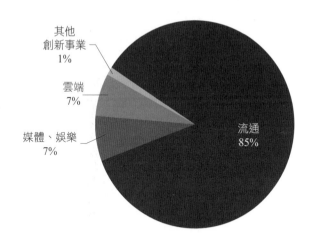

其他
創新事業
1%

雲端
7%

媒體、娛樂
7%

流通
85%

資料：阿里巴巴、韓亞金融投資

阿里巴巴的主要股東

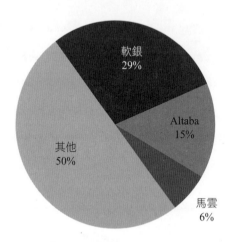

軟銀
29%

Altaba
15%

其他
50%

馬雲
6%

資料：阿里巴巴、韓亞金融投資

　　阿里巴巴的創始人馬雲相信，網際網路技術將在未來帶動技術創新、強化企業的競爭力，使中國的小企業獲得能在全球市場競爭的能力。他與 18 名創辦人為小型出口商建立了 B2B 電子商務平台。馬雲曾說過「比貧窮可怕的，是沒有夢想的人生。」不管是遇到什麼樣的挫折，馬雲都不會輕易認輸。在馬雲堅定的信念和目標下，阿里巴巴創立不到 15 年，就超越 eBAY 變成了全球第二大的電商企業。

2. 事業結構及營收前景

① 流通

　　中國的電子商務市場近十年快速成長，規模擴張了十倍。2017 年底，中國的電商市場規模達到了 29 兆人民幣，形成了全球最大的市場。最近，三線以下的中小型城市消費族群變成了中國網購市場的新消費勢力，帶動市場成長。阿里巴巴抓住了這些中小型城市的新消費族群，保持穩健的增長走勢。實際上，在 2018 年 1 月～ 8 月阿里巴巴電子商務的新客戶中，有 70% 來自中國的中小型城市。

阿里巴巴 **vs.** 京東年活躍用戶數變化

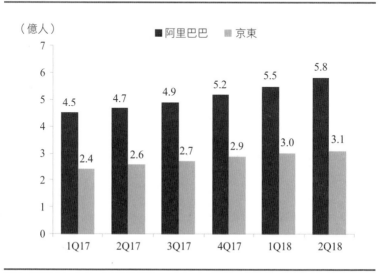

資料：阿里巴巴、京東、韓亞金融投資

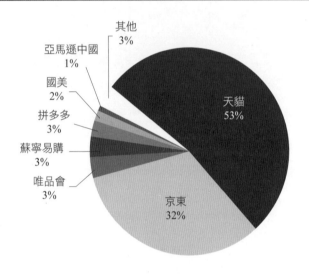

2017 年中國 **B2C** 電商市場占有率

資料：阿里巴巴、韓亞金融投資

　　流通事業營收占阿里巴巴總營收的 85%。這裡包含中國及全球電子商務、新零售、跨國物流等事業。阿里巴巴目前正透過 C2C 平台「淘寶」和 B2C 平台「天貓」賺取廣告收入和手續費收入，並藉由拓展已打入全球市場的實體流通事業，確保增長動能。

　　阿里巴巴在中國 B2C 電子商務市場的占有率高達 53%，擁有無可匹敵的市場力量。京東僅次於阿里巴巴，市占率達 32%。而排名第三和第四的唯品會和蘇寧易購的市占率僅達 3%。過去五年，阿里巴巴和京東兩大企業的市占率持續上升，形成了兩強鼎立的局面。

　　2016 年，阿里巴巴收購了東南亞最大的電子商務企業 Lazada，開始全面進軍海外市場，並建立了全球物流平台「菜鳥」和全球直購平台「AliExpress」以擴展全球事業。過去三年，阿里巴巴的跨國流通事業營收快速增長到了 7 倍，占整體流通事業營收的比例也擴大到了 13%。

阿里巴巴對中國流通業的投資現況

投資時間	投資企業	持有股權
2016.01	三江購物	32%
2016.05	蘇寧易購	20%
2017.01	銀泰商業	74%
2017.05	聯華超市	18%
2017.09	新華都	10%
2017.11	高鑫零售	36%
2018.02	居然之家	15%
2018.02	餓了嗎	50%

* 備註：截至 2018 年 9 月底
資料：韓亞金融投資

　　在中國，阿里巴巴正在積極收購實體流通企業、拓展結合了線上與線下零售的新零售商店，引領中國的流通市場的趨勢。阿里巴巴在 2016 年收購了中國最大的家電流通連鎖企業蘇寧的股權，以及在 2017 年收購了中國最大的超市連鎖企業高鑫零售的股權，開始吸收中國傳統流通業的強者，並結合傳統流通企業與阿里巴巴

的大數據、物聯網技術，將其轉型為創新的流通企業。2016 年開店的新零售大型超市「盒馬鮮生」透過無人計算系統、新鮮食品配送等，緊密結合了線上零售與實體零售的優點。2018 年第三季度，盒馬鮮生一共開了 77 家店舖，致力於滿足中國消費者的需求。

② 雲端服務

　　阿里巴巴是主導中國雲端產業的龍頭企業。在中國的公用雲市場，其市占率排名第一。2009 年正式進軍雲端事業後，阿里巴巴的營收這十年來都急遽增長，每年增長率都高達 100% 以上。在 IaaS 市場，阿里巴巴的市占率高達 47.6%，擁有壓倒性的市場力量。以 2017 年的雲端營收規模為基準時，阿里巴巴僅次於亞馬遜、微軟、IBM，在全球市場排名第四。

　　雲端事業的核心力量阿里雲的資料中心分布在全球 19 個地區，總數多達 52 個。光是 2018 年第三季度，阿里雲就新增了 600 多個雲端服務，並提供大數據分析、安全、物聯網服務等各種基於雲端的服務。現在，從中國國家食品藥品監督管理總局、中國公安局、CCTV 等公家機關，到微博、中國石化、飛利浦、資生堂、雀巢等企業，阿里雲正在提供各個領域的企業客戶雲端服務，有 40% 的中國 500 強企業、50% 的中國上市公司都在使用阿里雲。隨著中國國內的雲端需求和付費客戶增加，阿里雲近五年都保持著 100% 以上的高銷售增長率，利潤也漸漸在得到改善，即將轉虧為盈。

中國公用雲 (IaaS) 市場占有率

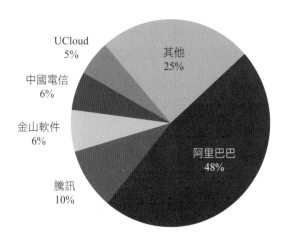

資料：阿里巴巴、韓亞金融投資

全球公用雲 (IaaS) 市場占有率

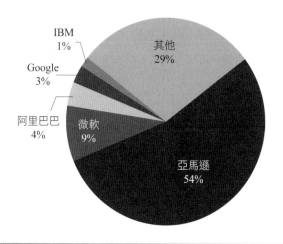

資料：阿里巴巴、韓亞金融投資

阿里巴巴雲端事業的營收規模

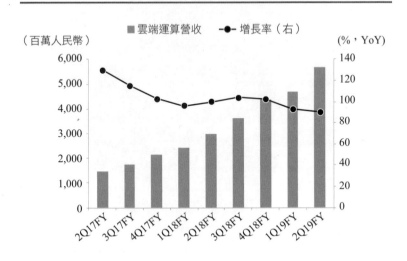

資料：阿里巴巴、韓亞金融投資

阿里巴巴雲端事業的利益率變化

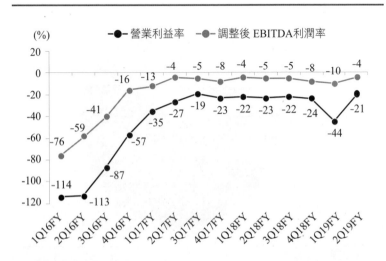

資料：阿里巴巴、韓亞金融投資

③ 線上金融

　　阿里巴巴目前正透過全球最大的財務金融企業，即其子公司螞蟻金服，經營各種網路金融事業。螞蟻金服起步於行動支付系統「支付寶」，之後發展成了提供資產管理、保險、網路銀行、貸款等綜合金融服務的中國代表性財務金融企業。

中國線上支付市場規模

資料：Wind、韓亞金融投資

　　支付寶成立於 2004 年，是為了負責阿里巴巴 C2C 電子商務平台「淘寶」的第三方支付擔保而被開發。其使用者僅在三年內就超過了中國信用卡的使用者人數，達到 5,000 萬人，變成了中國最

具代表性的線上支付平台。不僅是電子商務平台，支付寶在交通、醫療、旅遊、商店等各種線上、線下領域都是非常廣泛地被使用的支付方式。其目前以中國遊客的需求為主，在包含中國在內的 37 個國家及地區提供服務。2018 年第一季度，支付寶的年活躍用戶達到了 8.7 億人，超越全球支付服務企業 PayPal 變成了全球最大的支付平台。

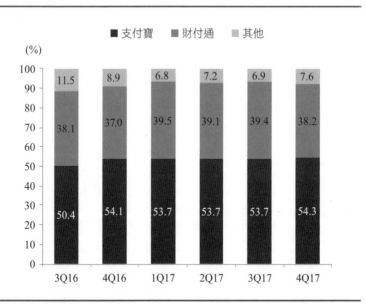

中國線上支付市場占有率

資料：Analysis、韓亞金融投資

支付寶成功後，阿里巴巴開始涉足各種網路金融事業。阿里巴巴目前正在與全球企業合作、進行投資，將事業拓展到海外。基於通過電子商務和支付服務所累積的交易及信用大數據，阿里巴巴將事業拓展到了資產管理（餘額寶）、小額貸款（花唄、借唄）、保險（眾安保險）、銀行（網商銀行）等領域，主導了中國的網路金融產業。2014 年，阿里巴巴與澳洲的支付服務企業 Paybang 創立了合資公司，並在 2015 ～ 2018 年以全球 14 家支付、銀行等金融企業為對象，進行了合作與投資，加快進軍全球市場的速度。

④ 其他創新事業

阿里巴巴的創新事業目前正以基於阿里巴巴的大數據、人工智慧技術提供的語音辨識硬體產品「天貓精靈」和位置資訊服務軟體「AMAP」為中心創造收入。智慧喇叭「天貓精靈」僅在 2017 年 7 月上市後短短一年的時間裡，就售出了 500 多萬台，受到了消費者的好評。其有可能會成為阿里巴巴未來擴展物聯網和智慧家庭生態圈時必不可少的核心硬體產品。

此外，為了攻占中國的互聯汽車市場，阿里巴巴的子公司高德軟體推出了基於人工智慧進行了優化的導航軟體「AMAP」。AMAP 是中國最大的位置資訊服務平台，也是阿里巴巴用來累積構建第四產業生態圈時所需的核心大數據（包含位置資訊、交通狀況、使用者、應用程式等大數據）的重要工具。

螞蟻金服與全球金融企業的合作及投資現況

年度	投資、合作企業	國家	投資、合作類型	品牌名	事業領域
2014	Paybang	澳洲	創立合資公司		全球支付
2015	Paytm	印度	A 輪、C 輪、戰略投資	Paytm	支付
2015	K-BANK	韓國	共同創立		網路銀行
2016	Ascend Money	泰國	A 輪、戰略投資	Ascend Money	支付、線上貸款
2016	M-Daq	新加坡	戰略投資		全球證券交易
2016	法國巴黎銀行	法國	戰略合作		全球支付
2017	KakaoPay	韓國	戰略投資	KakaoPay	支付
2017	Globe Telecom	菲律賓	A 輪	GCash	支付
2017	Emtek	印尼	創立合資公司	DANA	支付
2017	helloPay	新加坡	收購	Alipay	支付
2017	支付寶香港	香港	創立	支付寶香港	支付
2017	CIMB	馬來西亞	創立合資公司	一觸即通卡	支付
2018	TMB	巴基斯坦	收購 45% 的股權	Easypaisa	中小企業銀行

資料：韓亞金融投資

3. 事業業績＆變化

　　阿里巴巴 FY2019 第二季度（2018 年 7 月至 9 月）的營收和營業淨利分別為 852 億人民幣（YoY ＋55%）及 200 億人民幣（YoY ＋13%）。由於阿里巴巴再次名列「國家重點軟體企業名單」，適用政府的企業所得稅 10% 減免優惠政策，其營業利益超出了市場預期。至於營業利益率雖然因為雲端和其他創新事業的利益率得到

改善而比前一季度良好，但由於餓了嗎和菜鳥的財務報表合併、擴展新零售和 Lazada 事業、投資優酷的內容，其同比下降了 30%，僅達 16%。雖然中國電子商務的營收受到前一年度基數高、大環境變化的影響而增速放緩，僅達 460 億人民幣（YoY ＋27%），但其行動 MAU 的增長率穩健保持在 20% 以上。而雲端的營收因為基於高附加價值服務做了各種改善、付費客戶增加，達到了 91%（YoY）、持續高度增長。調整 EBITDA 利潤率與最近四個季度相比有所改善，為－4%。

阿里巴巴的營收及營業利益變化

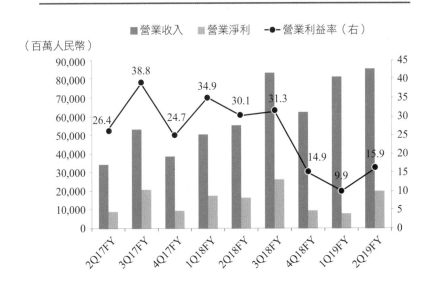

資料：阿里巴巴、韓亞金融投資

中國電商的營收變化

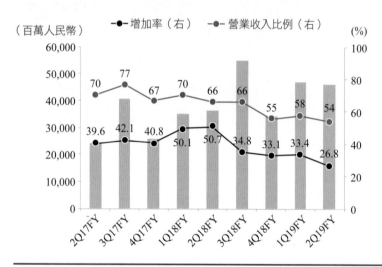

資料：阿里巴巴、韓亞金融投資

　　阿里巴巴將下一季度，即 FY2019 年第三季度的營收指引（guidance）下調到了 37.5 億～ 38.3 億人民幣（YoY＋50 ～＋53%），比先前的數值低 4 ～ 6%。這是因為考慮到 2018 年下半年中國經濟放緩、產業法規被強化、十月新推出的淘寶推薦介面暫不收益化帶來的影響，阿里巴巴在估算國內電商事業的業績時較為保守。

阿里巴巴電商的行動月活躍用戶數變化

資料：阿里巴巴、韓亞金融投資

電商的行動月活躍用戶數淨增規模

資料：阿里巴巴、韓亞金融投資

電商的年活躍用戶數淨增規模

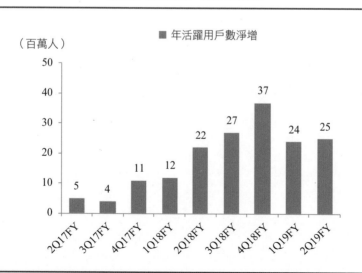

資料：阿里巴巴、韓亞金融投資。

4. 財務報表

阿里巴巴的年度主要財務報表

（單位：百萬韓元、％、倍）

	FY 2018	FY 2019	FY 2020.3E	FY 2021.3E
營業收入	41,985,413	62,516,953	86,755,636	113,760,545
增加率 (%，YoY)	55.3	48.9	38.8	31.1
營業利益	11,628,335	9,470,013	14,318,709	19,840,211
增加率 (%，YoY)	41.7	-18.6	51.2	38.6
稅前淨利	10,752,444	14,579,945	13,966,595	19,110,330
增加率 (%，YoY)	44.2	35.6	-4.2	36.8
基本 EPS	4,204	5,632	5,279	7,197
增加率 (%，YoY)	40.5	34.0	-6.3	36.3
ROE	19.9	20.4	16.4	17.5
PER	45.1	58.3	23.1	18.0
PBR	8.1	6.4	4.4	3.6

* 備註：會計年度基準，本表數值以韓元為單位計算，可能有所誤差，請以各公司所公布之財報為主。

資料：彭博、韓亞金融投資

5. 長期股價前景

　　2017 年，在新零售、全球電子商務、雲端等新事業的高成長下，阿里巴巴創下了高達 95% 的股票收益率。2018 年下半年，受到 CEO 馬雲辭職引起的話題和電子商務法帶來的法規風險的影響，阿里巴巴 2018 年底的股價下滑到高點的 52%、從 PER45 倍降到 23 倍。不過最近發表的 FY2019 第三季度（2018 年 10 ～ 12 月）

堅挺的業績消除了市場對產業法規和基本面的負面情緒。2019年初後，阿里巴巴的股價上漲了32%，成功反彈。

近幾年的股價變動

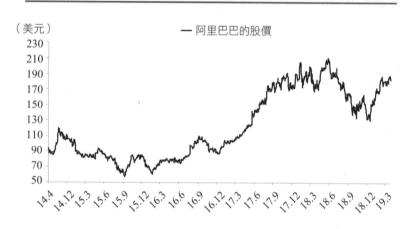

資料：彭博、韓亞金融投資

此外，由於FY2018第三季度（菜鳥）和FY2019第一季度（餓了嗎）兩個虧損事業部門合併帶來了基數效應，阿里巴巴國內流通事業部門利潤下降的壓力估計會逐步得到緩解。最近阿里巴巴利潤減弱的原因，即實體流通、雲端等新事業領域最近一季度營收急劇增長，分別比前一年增長了2.5倍、2倍。該領域也正在擴張生態圈，大幅改善基本面。

回購高達60億美元的股票也為股價來了正面影響。根據阿里巴巴2018年9月公布的企業股票回購計畫，截至2019年1月29日，

阿里巴巴已經回購了 60 億美元中的 16 億美元，今後還有 44 億美元的股票要回購。考慮到阿里巴巴在中國的線上、實體流通市場擁有壓倒性的市場力量、雲端和跨國事業具有高度成長的潛力，從中長期來看，阿里巴巴的投資吸引力非常高。

6. 創始人介紹：馬雲

　　作為中國企業家的模範，許多人視馬雲為傳奇人物。1964 年，馬雲出生於中國浙江省杭州，個性非常執著，「馬雲為了學英文，每天早上都會去飯店和外國人對話」這件事可以說是家喻戶曉。

　　從杭州師範大學畢業後，馬雲從事了英文老師的工作。作為企業家，馬雲創立的第一家公司是海博翻譯社。之後，他在 1999 年 3 月於杭州創立了阿里巴巴，其願景是建立一個能幫助中國的小企業進入全球市場的 B2B 平台。阿里巴巴之所以會成功，在很大程度上是因為有馬雲強烈的願景、執著、堅持和挑戰。

　　馬雲總是會強調夢想的重要性，他曾說：「夢想和堅持不會拋棄你。沒有夢想比貧窮更可怕。因為沒有夢想，就代表沒有未來，也沒有希望。不知道自己想做什麼的人，是這個世界上最不幸的人。只要有夢想，或清楚自己想做什麼，就能忍受任何的痛苦，最終成為人生的贏家。」

　　2014 年，馬雲榮登亞洲首富的寶座，並在 2015 年捐了 1 億人民幣給母校。2018 年，馬雲宣布退休，辭去了經營者的職務。

騰訊控股

0700.HK

騰訊控股	
成立年度	1998
上市日期	2004／6／16
主要股東	MIH TC Holdings Limited　33.17%
CEO	馬化騰
網頁	www.tencent.com

Key Data	
上市股票	香港
總市值（億港幣）	32,656
PER（2019E）	30.7
52 週最高／最低	422.40／251.40
當前股價（港幣）	343.00

* 基準日：2019／6／10

主要營業結構	
附加價值服務	65%
廣告	17%

* 備註：2017 年底

1. 中國最大社群網路服務和線上遊戲企業

　　騰訊控股（以下稱「騰訊」）為現任總裁馬化騰和副總裁張志東於 1998 年 11 月在中國深圳創立的 IT 企業，也是中國社群網路服務和線上遊戲龍頭企業。1999 年，中國網際網路市場初期，騰訊推出了在中國最為廣泛使用的通訊軟體「QQ」，成功搶占了市場。然後在隨著智慧型手機普及，網際網路行動化的趨勢下，推出行動通訊軟體 WeChat，壟斷了中國的 SNS 市場。

　　在這之後，騰訊開始利用透過通訊軟體建立的用戶群和資料庫，提供各種附加服務，並且成功獲利。2003 年，騰訊開始經營線上遊戲服務事業。其透過 QQ 通訊軟體擁有的使用者集區和在中國發行韓國等世界各國優秀的遊戲大獲成功，超越了 PC 遊戲業界原本的強者網易，強化了市場力量。

　　2011 年後，騰訊基於行動通訊軟體 WeChat 和 WeChat 的簡易支付服務「微信支付」，建構了包含從初期就開始提供的行動支付、轉帳、線下支付、餐飲外送、電子商務服務，以及拓展後涵蓋的理財、保險、銀行業務等各種金融服務的生態圈。最近，騰訊已變成了主導雲端、人工智慧技術等中國第四次工業革命的跨國 ICT 企業。

　　騰訊的主要股東為創始人馬化騰、馬化騰持有的 Advance Data Services、南非的媒體企業納斯帕斯（Naspers）和 JP 摩根。由於採用了雙重股權制，馬化騰對經營權有相當大的影響力。

騰訊控股的主要服務領域

資料：騰訊控、韓亞金融投資

騰訊的主要股東

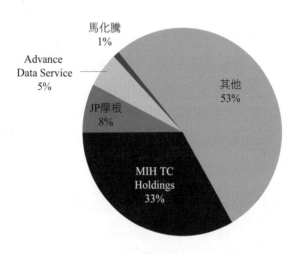

資料：Wind、韓亞金融投資

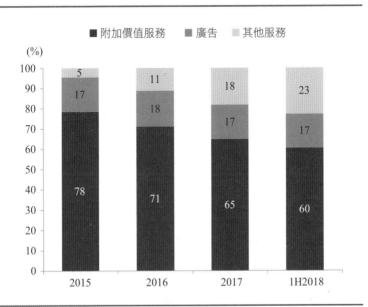

騰訊的營收比例變化

資料：騰訊控股、韓亞金融投資

2. 事業結構及營收前景

① 遊戲

　　騰訊的遊戲事業部門是占騰訊整體營收 37% 的核心事業部門。2003 年進入遊戲市場後，騰訊透過 QQ 通訊軟體與 WeChat 無可匹敵的社群網路影響力和積極併購，得到了快速成長。從事業初期開始，騰訊就在自家公司平台 QQ.com 提供了各種線上遊戲服務，並透過串聯 QQ 通訊軟體與多個遊戲帳號提高使用方便性，

快速吸收了遊戲用戶。此外，騰訊在中國發行了韓國遊戲開發商 Nexon 的 RPG 遊戲「地下城與勇士」和 Smilegate 的 FPS 遊戲「穿越火線」等頂尖的遊戲，並且大獲成功，與中國 PC 遊戲業界的現有強者網易建立了兩強鼎立的局面。

中國遊戲市場的類型別規模

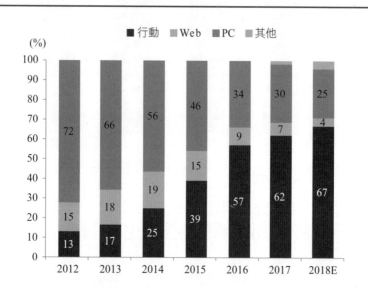

資料：iResearch、韓亞金融投資

騰訊目前正在對遊戲的自主研發（in-house R&D）進行投資，同時購買具有競爭力的遊戲版權，以確保中長期成長性。在 2015 年與 2016 年，騰訊收購了「英雄聯盟」的開發商 Riot Games 和

手遊「部落衝突」的遊戲開發商 Supercell，並於 2017 年與韓國的 PUBG 股份有限公司簽訂了絕地求生 PC 遊戲的中國地區獨家代理契約。2016 年開始，騰訊每季度都推出了 5 ～ 8 款手機遊戲，現在正在主導中國的手機遊戲市場。2018 年，在 iOS 營收排行前 20 名中，騰訊的十款遊戲穩穩進入了榜單。在中國遊戲市場，騰訊也建立了無可匹敵的市場力量。其市占率高達 40% 以上。

騰訊的中國遊戲市場佔有率 (2017 年)

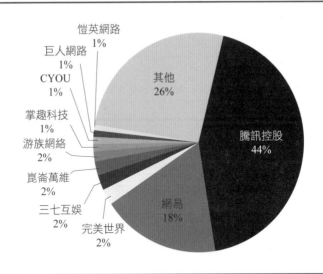

愷英網路 1%
巨人網路 1%
CYOU 1%
掌趣科技 1%
游族網絡 2%
崑崙萬維 2%
三七互娛 2%
完美世界 2%
網易 18%
騰訊控股 44%
其他 26%

資料：各公司年度報告、韓亞金融投資

② 社群網路平台

1999 年中國網際網路市場初期，騰訊推出了基於 PC 的 QQ

通訊軟體，並成功搶占了市場。2011 年推出行動通訊軟體 WeChat 後，騰訊不再特別將 QQ 通訊軟體和 WeChat 區分成 PC 版和行動版通訊軟體，而是利用互相競爭的策略，強化了兩通訊軟體的競爭力。騰訊的社群網路平台「QQ」的月用戶數從 2004 年的 9,440 萬人急劇增長為 2017 年底的 23.3 億人（QQ 通訊軟體、QQ Zone、WeChat 的總和），QQ 發展成了中國最大的社群網路服務平台，而透過這個平台吸收的大量使用者不僅是遊戲用戶的來源，同時也是電商、廣告、支付系統等其他事業的重要客戶來源。

騰訊的社群網路平台月活躍用戶數變化

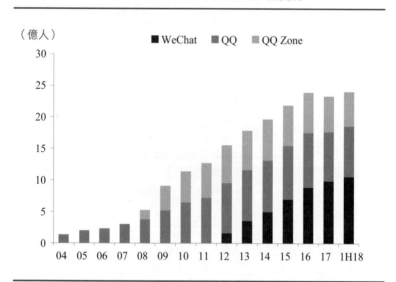

資料：Wind、韓亞金融投資

WeChat 及 QQ 通訊軟體的年齡別使用者比例

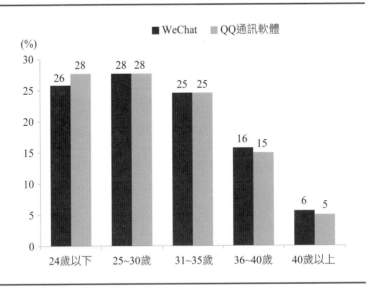

資料：iResearch、韓亞金融投資

③ 廣告

　　騰訊的廣告收入由騰訊新聞、騰訊視頻等媒體平台的媒體廣告收入，和平均使用者數高達 9 億人以上的 WeChat 的社群廣告收入組成。目前騰訊的廣告事業占整體營收的 17%。2017 年 3 月內部架構重組後，騰訊開始將火力集中於廣告事業。因此，廣告收入的業績貢獻度有望提升。在社群廣告方面，除了微信好友圈（Wechat moment）外，在官方帳號、小程序等社群網路平台推行差異化的價格政策、增加廣告曝光次數所帶來的廣告收入具有高增長潛力，對營收的貢獻估計也會持續擴大。

中國前三大影音平台的活躍用戶數

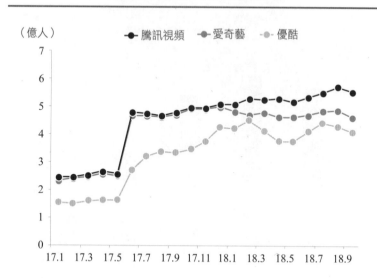

資料：Wind、韓亞金融投資

中國新聞 APP 的活躍用戶數變化

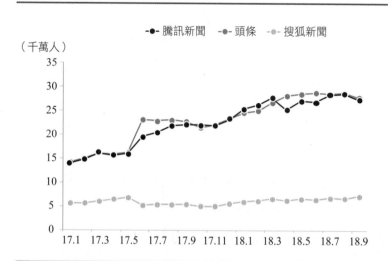

資料：Wind、韓亞金融投資

④ 支付系統

　　中國的行動支付市場過去是由阿里巴巴的支付寶主導的壟斷性市場。但在 2016 年後，微信支付的紅包（數位貨幣禮物服務）大受使用者歡迎，並快速獲得了市占率，最終形成了兩強鼎立的競爭局面。雖然以 2018 年第一季度的行動支付交易額為基準時，支付寶占 50%、微信支付占 41%，但在行動支付、轉帳、線下支付領域，基於社群網路服務平台的微信支付具有較大的優勢。

　　雖然支付服務事業對騰訊的直接利潤貢獻不大，但串聯社群網路服務平台與騰訊的其他事業產生的綜效正在持續加大。此外，基於使用者的數據，騰訊的事業領域從電子商務（京東）、車輛共享服務（滴滴出行）、餐飲外送（美團點評）擴展到了銀行（貸款）、保險、證券、基金、理財、信用評價、其他金融七個領域，且正在構建線上金融生態圈。

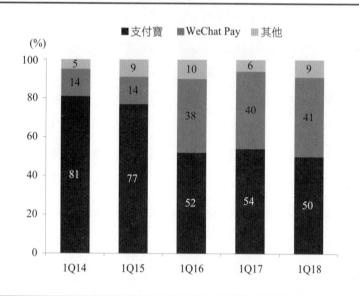

中國行動支付系統市場占有率

資料：iResearch、韓亞金融投資

騰訊的金融事業

	騰訊旗下	股權投資
銀行（貸款）		微眾銀行
保險	微保	眾安保險 和泰人壽 英傑華人壽
證券	騰訊自選股 騰訊證券	中金期貨
基金	騰安基金	好買
理財	財付通 微金	高騰
信用評價	騰訊信用	
其他金融	區塊鏈 騰訊金融雲	

資料：騰訊資料整理、韓亞金融投資

⑤ 雲端

　　雖然騰訊在雲端領域的市場力量不敵阿里巴巴，但其正基於較具優勢的遊戲、影片等領域快速成長。在中國雲端的產業別比例中，遊戲領域約占 80%。雖然騰訊是在 2012 年、比阿里巴巴晚開始經營雲端事業，但其利用 QQ.com 和社群網路平台擁有的數據等資源，在該領域建立了競爭力。在中國的 IaaS 公用雲市場，騰訊的份額從 2016 年的 7.3% 遽增到了 2017 年的 10.3%。

中國雲端的產業別比例 **(2017 年)**

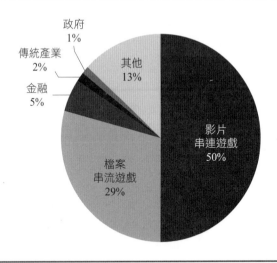

* 備註：基於雲端服務的遊戲分成影片串流 (video streaming) 和檔案串流 (file streaming，
　　又稱畫素串流〈pixel streaming〉)
資料：騰訊研究院、韓亞金融投資

　　騰訊正在持續擴大對雲端的投資。光是 2018 年上半年，騰訊就執行了 16.3 億美元的 CAPEX（資本支出），相當於 2017 年的年度 CAPEX（17.9 億美元），這展現了計劃擴展雲端事業的強烈決心。騰訊最近以超低價策略，將中國的國營行動通訊企業甩到了身後，成功得標了政府的私有雲項目。同年五月，騰訊投資了 DHC 軟體（002065.SZ，金融服務雲端）12.7 億人民幣、深圳市長亮科技（300348.SZ，醫療服務雲端）3.9 億人民幣。騰訊正藉著拓展策略性合作夥伴關係和增加投資股權，拓展雲端事業。

中國 IaaS 公用雲的市場占有率 (2017 年)

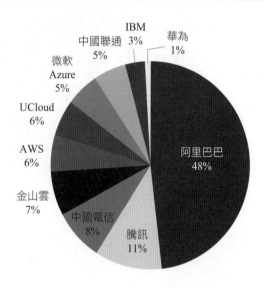

資料：IDC、韓亞金融投資

⑥ 其他創新事業

騰訊投資股權的主要企業

產業	最初投資時間	投資筆數	總投資規模（十億美元）	投資對象企業
交通工具	2013 年	36	26.9	Uber、滴滴出行、特斯拉、Ola、摩拜單車
O2O	2010 年	33	13.3	美團、同程旅遊、Homelink
遊戲	2005 年	83	13.0	Supercell、動視暴雪、Riot、西山居
新零售	2015 年	5	10.0	萬達、永輝超市、海瀾集團
金融	2011 年	27	9.2	CICC、富途證券、易鑫集團
電子商務	2010 年	32	5.8	京東、唯品會、每日優鮮
內容、媒體	2011 年	95	3.1	鬥魚、虎牙、微影時代
醫療	2014 年	36	2.6	GRAIL、微醫集團、好大夫
智慧零件	2013 年	29	1.2	微鯨科技、Essential Products
教育	2014 年	19	0.5	VIPKID、猿輔導、新東方
企業服務	2012 年	28	0.4	–
SNS	2010 年	31	0.3	Snapchat、Hike、Kakao、快手
人工智慧	2017 年	1	–	ObEN

除了核心事業外，騰訊也持續在 AI 技術（包含人工智慧、語音辨識）、金融、醫療等領域進行投資和研發，以確保中長期的新增長動能。2017 年第四季度，騰訊投資了 600 多家交通工具、O2O[13]、新零售等產業的企業，其中有許多企業都有在香港、美國

---

13 Online To Offline，離線商務模式或線上線下模式。是一種整合了線上行銷與線下經營的電子商務模式。

等地區上市，且投資成功。此外，騰訊目前正透過在中國、美國設立的四所人工智慧研究所致力於研發，以結合 AI 與遊戲、內容、社群網路服務、零售、醫療等產業，提高綜效。相信這將會成為騰訊重要的資產，使騰訊發展為中國第四次工業革命的核心網際網路企業。

3. 事業業績＆變化

　　由於負責遊戲收益化審批的中國新聞出版廣電總局重組造成審批業務中斷，2018 年後騰訊的遊戲事業業績陷入停滯。2018 年第三季度的遊戲業績因為中國政府停止審批新遊戲，而如同預期受到負面影響，但因為廣告和其他事業的業績良好，其業績仍然超出了市場預期。雖然騰訊目前的營收為 806 億人民幣（YoY＋24%、QoQ＋9%）、營業利益為 279 億人民幣（YoY＋23%、QoQ＋28%），營收增長放緩，但在遊戲事業疲軟、支付事業備付金下降的情況下，其營業利益卻與前一季度相比得到了大幅反彈，營業利益率也恢復到了 35%，相當於前一年同期。

　　騰訊的遊戲營收雖然為 258 億人民幣（YoY －4%、QoQ＋2%）、同比負增長，但由於 2018 年第三季度推出了十款新遊戲，且王者榮耀對業績做出了貢獻，手機遊戲的營收環比增長了 11%。社群廣告收入則因為微信好友圈和小程序的廣告曝光次數增加而高度增長（YoY＋61%、QoQ＋19%），支撐了季度業績。至於其他事業，

由於行動支付交易量強勁增加（平均日交易量 YoY ＋ 50%、實體商店的平均日交易量 YoY ＋ 200%）、微信支付香港開始提供服務，其營收也呈現出了良好的增長趨勢（YoY ＋ 69%、QoQ ＋ 16%）。雲端營收也同比增長了兩倍、環比增長了兩位數，拉高了季度業績。

腾訊控股的營收及營業利益變化

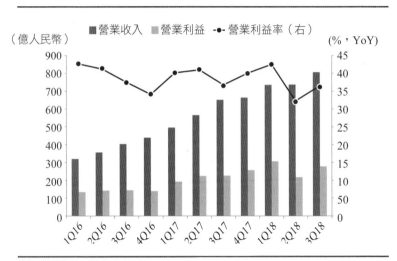

資料：騰訊控股、韓亞金融投資

4. 財務報表

騰訊的年度主要財務報表

(單位：百萬韓元、%、倍)

	2017	2018	2019E	2020E
營業收入	39,816,471	52,019,227	67,757,660	85,865,813
增加率 (%，YoY)	49.9	30.6	30.3	26.7
營業利益	14,175,742	15,370,338	20,947,131	24,564,027
增加率 (%，YoY)	53.2	8.4	36.3	17.3
稅前淨利	11,975,420	13,095,555	16,202,000	19,336,831
增加率 (%，YoY)	66.7	9.4	23.7	19.3
基本 EPS	1,272	1,387	1,677	1,997
增加率 (%，YoY)	66.1	9.0	20.9	19.1
ROE	33.2	27.2	24.4	24.1
PER	44.5	33.1	30.7	24.6
PBR	12.5	8.1	6.8	5.4

* 備註：會計年度基準，本表數值以韓元為單位計算，可能有所誤差，請以各公司所公布之財報為主。
資料：韓亞金融投資

5. 長期股價前景

　　基於線上遊戲營收的高度增長，騰訊 2017 年的年市盈率達到了 114%。由於 2018 年第一季度，中國政府機關重組、政府全面停止新遊戲的版號審批，再加上中國政府下半年開始實施保護未成年人的遊戲管制法規，中國遊戲業的股價整體暴跌。騰訊的營收也因為新遊戲的審批中斷，同比增長率從 2018 年第一季度的 48% 放緩到了第二季度的 30%、第三季度的 24%，股價也大幅下滑為 2018

年初高點的 88%。

2018 年 12 月，中國政府的遊戲審批作業重啟，騰訊的股價在年初後暴漲了 27%。隨著新遊戲陸續獲准，騰訊的遊戲業績有望從 2019 年第二季度開始恢復正常。

近幾年的股價變動

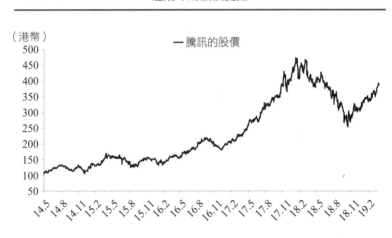

資料：彭博、韓亞金融投資

　　騰訊不僅是英雄聯盟的開發商 Riot Games 的大股東，同時也是遊戲絕地求生、要塞英雄的開發商 Epic Games 的最大股東，並持有 Supercell、Netmarble 等全球頂尖的遊戲公司的股權。從長期來看，騰訊已經與多家跨國遊戲公司建立了穩定的合作關係，確保了遊戲競爭力。此外，基於核心事業、即遊戲事業強勁的成長性，騰訊的中長期股價動能也有望發揮效力。

6. 創始人介紹：馬化騰

　　騰訊的創始人兼 CEO 馬化騰 1971 年出生於廣東省汕頭市。馬化騰在深圳大學主修了電腦科學系。大學畢業後，他在通訊公司潤迅擔任了無線電的開發工程師。但由於無線電退出市場，馬化騰在 1998 年與大學同學張志東創辦了騰訊。

　　當時，基於 PC 的網路通訊軟體正受到人們的注目。而馬化騰模仿以色列的新創企業「ICQ」（I Seek You）和美國公司 AOL 的即時通訊軟體，推出了 QQ 通訊軟體，今日的騰訊就此誕生。對於這種模仿策略，馬化騰曾表示自己的理念：「抄襲並不丟臉，因為抄襲會發展出創新。」

　　隨著 QQ 使用者增加，馬化騰發現公司需要再進一步發展，但卻未能順利籌措到資金。就在這個時候，騰訊分別從跨國 IT 新聞公司 IDG 和香港的不動產財閥李嘉誠那裡獲得了 110 萬美元的投資，企業規模因此擴大。雖然騰訊曾因為網際網路泡沫破裂時投資人離開等原因而陷入困境，但其建立收費模式，度過了危機，並創造了重振雄風的轉機。在這之後，騰訊將事業領域擴展到了行動通訊軟體、社群網路服務、網際網路搜尋、線上遊戲等領域，締造了現在的騰訊。

　　馬化騰表示，自己成功的秘訣是徹底的本土化策略。他曾說過「最大的成功秘訣就是按照中國的現況開發廣為使用的 IT 服務」。馬化騰屬於「現場型」經營者，會親自使用騰訊的所有服務

並且充分利用工程師出身的優勢驗收及改善自家公司的服務。

　　馬化騰在併購時，秉持著「持有但不干涉」的原則。在收購 Riot Games 和 Supercell 後，馬化騰完全沒有介入這兩家公司的經營。他提供資本上的支援，但將營運權交給了各公司。這是為了避免外國企業被中國企業騰訊的企業文化壓抑，導致創造性思維及開發受到阻礙。馬化騰正以這種理念積極進行併購，他還大舉收購了韓國的代表性 IT 企業 Kakao 的股權。在 2019 年《富比士》公布的全球富豪排行榜中，馬化騰以 388 億美元名列第二。

百度

BIDU.US

百度	
成立年度	2000
上市日期	2005／8／5
主要股東	李彥宏　16.10%
CEO	李彥宏
網頁	www.baidu.com

Key Data	
上市股票	美國
總市值（億美元）	391
PER（2019E）	22.6
52 週最高／最低	274.00／106.80
當前股價（HKD）	111.76

* 基準日：2019／6／10

主要營業結構	
線上廣告	86%

* 備註：2017 年底

1. 中國的Google

百度成立於 2000 年 1 月，是中國最大的搜尋引擎公司。直到 2018 年，在中國的搜尋引擎市場，百度的市占率平均高達 70%，是中國最具影響力的搜尋引擎。百度大部分的營收來自線上廣告。最近因應第四次工業革命，百度提出了「All in AI」策略，且大規模擴大對人工智慧的投資。在這樣的策略及投資下，百度推出了智慧喇叭、自動駕駛迷你巴士「阿波龍」等產品，並在人工智慧事業領域取得了顯著的成果。

百度的主要股東為創始人李彥宏和英國的資產管理公司巴美列捷福（Baillie Gifford），根據雙重股權制，李彥宏持有 55% 的投票權，實質上在經營百度。

百度的主要服務領域

資料：百度、韓亞金融投資

百度的主要股東

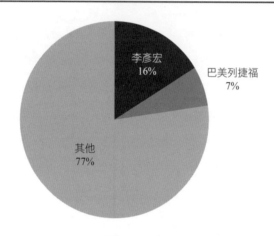

資料：百度、韓亞金融投資

百度的營收比例變化

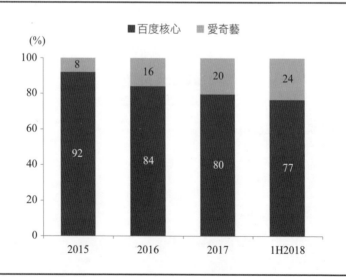

資料：百度、韓亞金融投資

2. 事業結構及營收前景

① 線上廣告

　　2017 年，中國的線上廣告市場規模達到了 3,884 億人民幣，過去三年的年均增長率為 36%，現在也持續在高增長。在中國的搜尋引擎市場，百度的市占率一直都維持在 70% 以上，擁有絕對的市場力量。與 2010 年相比，線上廣告收入則增長成了十倍。

中國的線上廣告規模變化

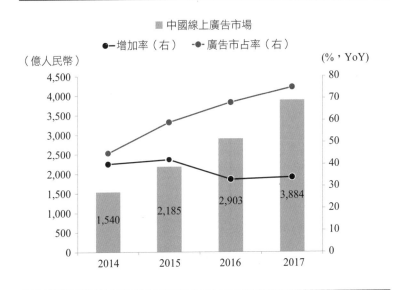

資料：iResearch、韓亞金融投資

　　百度的廣告收入之所以會強勁增長，是因為百度提升了搜尋和資訊流（News Feed）的關聯效果。基於大數據推出「動態廣告」、以「優化的每次點擊付費方式」推出廣告都對擴大搜尋、資訊流平台的收益化做出了很大的貢獻。百度的資訊流平台的內容增加、影片內容比例擴大，不僅使資訊流的使用時間增加，其他百度 APP 的使用時間也都跟著增加。透過會串聯社群商務平台「百度糯米」、社群網路服務平台「百家號」等百度的其他平台和百度資訊流的演算法，百度 APP 的流量正保持著穩健的增長趨勢。

百度的有效廣告主要變化趨勢

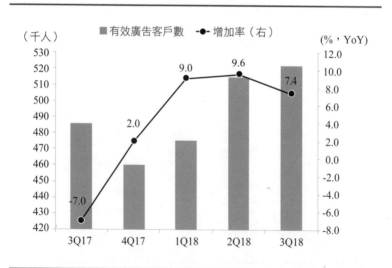

資料：iResearch、韓亞金融投資

搜尋引擎市場占有率 (2018 年)

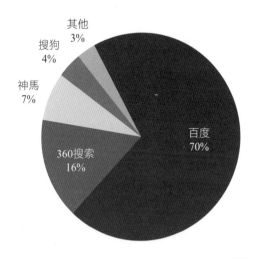

資料：StatCounter、韓亞金融投資

行動搜尋引擎市場占有率 (2018 年)

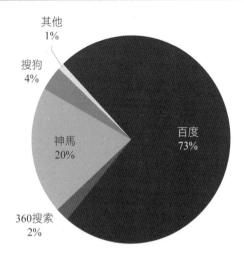

資料：StatCounter、韓亞金融投資

2018 年 9 月，百度的資訊流平台「百家號」的使用時間同比增加了 68%，內容發布者數達到了 150 萬人，比年初增加了 50 萬人。截至 2018 年 9 月，2018 年推出的影片資訊流平台「好看」的日活躍用戶數達到了 1,200 萬人，光 6 ～ 9 月就增加了 500 萬人，APP 成長率在中國排名第一。

② 愛奇藝

愛奇藝是中國的串流影片平台，被稱為「中國的 Netflix」，並於 2018 年 3 月在美國股市上市。中國的線上串流媒體市場目前已被百度的愛奇藝、騰訊的騰訊視頻、阿里巴巴的優酷壟斷。其中，愛奇藝透過買下各國熱門影片的版權、建立自主製作內容的競爭力，在中國市場吸收了最多的付費用戶數。2018 年，愛奇藝的每月用戶數達到了 4.9 億人，以微小的差距領先排名第二的騰訊視頻（4.6 億人）和排名第三的優酷（4.1 億人）。2017 年，愛奇藝的營收同比增長了 55%、達到了 174 億人民幣，增長率維持在 50%以上，保持著強勁的態勢。此外，愛奇藝付費會員的營收也不斷在擴大。

中國串流企業的每月用戶數

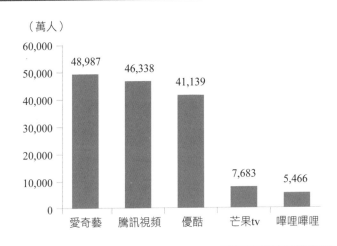

（萬人）

* 備註：截至 2018 年 3 月
資料：愛奇藝、韓亞金融投資

中國三大影片平台的活躍用戶數比較

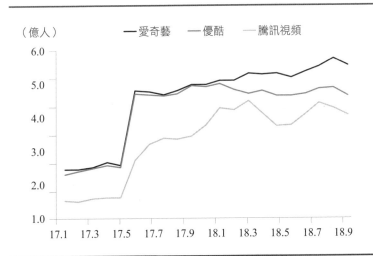

（億人）

資料：Wind、韓亞金融投資

愛奇藝的訂閱會員數

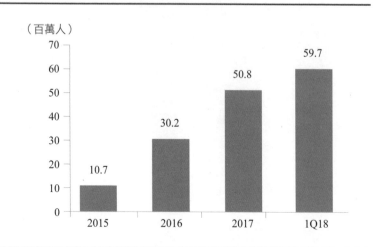

資料：愛奇藝、韓亞金融投資

事業別營業收入比例變化

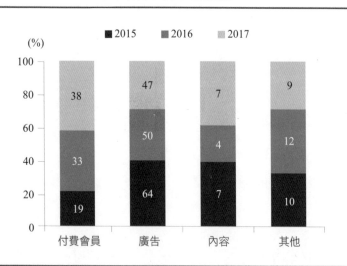

資料：Wind、韓亞金融投資

③ 人工智慧

2017 年，百度發表了「All in AI」策略，其志在以人工智慧決勝負。因此，百度正致力於發展以語音辨識技術「Duer OS」和自動駕駛平台「阿波羅計畫」為中心的人工智慧事業。2017 年 11 月，百度在年度發布會「百度世界大會 Baidu World」上發表了 Duer OS 2.0。然後在 2017 年底與 130 家合作企業共同推出了智慧電視、智慧型手機、講故事玩具、智慧家電等五十幾個使用了 Duer OS 技術的產品。2017 年 11 月，百度推出了首款搭載了百度 Duer OS 技術的語音辨識喇叭「Raven H」。在 2018 年消費電子展上，百度公開了搭載顯示屏的「小魚 VS1」、智慧燈泡「Sengled」、搭載了照明及投影功能的「PopIn Aladdin」三款語音辨識喇叭，不斷推出新的硬體產品。

百度也正在積極研發、投資自動駕駛技術。2017 年 4 月，百度推出了自動駕駛計畫「阿波羅計畫」。阿波羅計畫是一個支援百度結合其他整車企業的軟體、硬體系統，以快速建立百度自家的 AV 系統的「開放式自動駕駛」計畫。目前，已經有一百多家包含整車（金龍、戴姆勒、福特）、零件（Bosch）、光達（Velodyne）、半導體（輝達、英特爾、NXP）、地圖（TomTom）、自動駕駛系統（Momenta）等各領域的代表企業參與這項計畫。百度的阿波羅計畫並不是 Uber、NISSAN 等企業選擇的封閉平台。百度正積極與合作夥伴企業合作，以達到共生。阿波羅計畫可以說與 Google 的 Andriod 策略很相似。

2017 年推出阿波羅計畫後，百度先推出了 1.0 版本，接著再不斷地研發、升級。2018 年 7 月百度發表的 3.0 版本搭載了無人自動駕駛停車、無人自動駕駛送貨、無人自動駕駛接駁服務。百度與金龍客車合作，成功量產了搭載了阿波羅 3.0 的 14 人座自駕迷你公車「阿波龍」。而繼金龍客車之後，百度預計 2020 年與比亞迪共同推出 Level 3 的自駕車，並計劃與重慶小康在 2020 年推出 Level 3 的自駕車、2021 年推出 Level 4 的自駕車。在這個領域，百度有望始正式進入盈利階段。

中國首輛自駕車「阿波龍」量產

資料：百度、韓亞金融投資

百度持續進行人工智慧
硬體的收益化

資料：百度、韓亞金融投資

3. 事業業績＆變化

2018 年第三季度，百度的營收達到了 282 億人民幣（YoY＋20%），符合市場預期。營業淨利則達到了 124 億人民幣（YoY ＋56%），比預估值高 10%。至於出售股權利益則是反映出了百度第

三季度出售非核心事業部（金融事業部「度小滿」和海外事業部「Global DU」）的結果。其他收益也因此同比增長了 108%，利益增長超出預期。包含廣告收入的百度核心營收為 216 億人民幣（YoY＋18%，QoQ＋8%）。受到中國經濟放緩和各種產業法規的影響，核心營收的增長率較前一季度低迷。

百度的營收及營業利益變化

資料：百度、韓亞金融投資

考慮到出售事業部導致營收減少 2.5 億～ 3.0 億人民幣，百度可以說維持了相當於過去平均水平的穩健增長。由於愛奇藝和資訊流內容的投資成本同比增長了 73%，營業利益率比前一年與前

一季度下降了 5%，僅達 16%。不過，影片平台愛奇藝實現了極具意義的成長。2018 年第三季度，愛奇藝的付費訂閱會員數達到了 8,070 萬人，付費會員營收超過了廣告收入，活躍用戶數也超過了 5.5 億人。愛奇藝就這樣在三大影音串流平台中登上了第一名寶座。此外，百度的人工智慧事業的利益也在急劇增長，因此其有望從 2020 年開始進入高度盈利階段。

4. 財務報表

百度的年度主要財務報表

（單位：百萬韓元、%、倍）

	2017	2018	2019E	2020E
營業收入	14,202,536	17,014,623	18,954,931	21,891,727
增加率 (%，YoY)	15.2	19.8	11.4	15.5
營業利益	2,627,693	2,583,544	710,936	1,886,297
增加率 (%，YoY)	49.6	-1.7	-72.5	165.3
稅前淨利	3,064,776	4,586,996	1,397,817	2,361,310
增加率 (%，YoY)	50.7	49.7	-69.5	68.9
基本 EPS	8,826	13,144	4,273	6,921
增加率 (%，YoY)	50.5	48.9	-67.5	62.0
ROE	17.6	19.8	6.7	8.7
PER	37.3	20.3	22.6	15.2
PBR	4.6	2.3	1.6	1.5

* 備註：本表數值以韓元為單位計算，可能有所誤差，請以各公司所公布之財報為主。
資料：彭博、韓亞金融投資

5. 長期股價前景

　　基於比市場預期強勁的線上廣告收入增長，2017 年百度的股價收益率達到了 40%。由於 2018 年下半年美中貿易戰導致中國股市受到負面影響，且遊戲、電商等產業的法規加深了市場對廣告收入的增長是否會因此放緩的疑慮，與 2018 年的高點相比，百度的股價下降了 68%，並且處於 PER band 的歷年最低點。因此，百度的估值應該會有很大的吸引力。

　　隨著中國經濟復甦、前一年度被集中管制的產業得到基本面改善，2019 年，百度的廣告業績有望保持穩健增長。實際上，2018 年第四季度，百度的有效廣告主數增長率（YoY＋15%）創下了近三年來的最高紀錄，這證實了百度廣告有強勁的需求。此外，百度新推出的「好看」、「全民」等短片平台看起來也有相當大的廣告收入潛力。2018 年第四季度，百度的短片平台「好看」和「全民」的中國 DAU、MAU 增長率分別排名第一、第二，而且「全民」的中國 DAU 光第四季度就增加了 400 萬人。中國的短片平台的 MAU 正處於高增長階段，最近已經達到了 5 億人。百度計畫推出新的短片 APP 加強市場力量、創造廣告收入。隨著包括百度廣告和愛奇藝的核心事業高度成長、人工智慧事業進入盈利階段，百度的中長期股價有望獲得重新評價。

資料：彭博、韓亞金融投資

6. 創始人介紹：李彥宏

　　1968 年，李彥宏出生於山西省，是工廠工人的第四個兒子。學生時期李彥宏就是菁英，他畢業於北京大學資訊管理學院，之後取得了美國紐約州立大學布法羅分校的電腦科學碩士學位。1997 年，年僅 29 歲的他設計了一種新概念的搜尋演算法，並在美國申請了第一個專利。隔年其撰寫的論文〈關於定性搜尋引擎〉得到了高度評價，就連 Google 的創始人賴利·佩吉都在佩吉排名（PageRank）的專利文件中引用了這篇論文。但李彥宏中斷學業進入了道瓊公司，從事經濟新聞採訪記者的工作。在這之後，李彥宏在矽谷的 Infoseek 擔任了首席工程師。但 Infoseek 後來被迪士尼收

購，李彥宏決定回國。

李彥宏在 1999 年 12 月回到了中國，他決定創辦一間網路搜尋公司，並以此絕一勝負。當時中國的網際網路使用者數只有 900 萬人，但搜尋網站卻超過 300 個。在這樣的情況下又開一家搜尋引擎公司，似乎是一場有勇無謀的挑戰。但李彥宏和他的大學同學兼合夥人徐勇籌措了 120 萬美元，共同創建了百度，當時李彥宏 31 歲。

百度是一個具有中國特色的搜尋引擎。「百度」這個名字來自宋詞中的「眾里尋他千百度」。百度將迫切尋找心愛之人的心情比喻搜尋的過程。藍色的熊掌 LOGO 則代表凡走過必留下痕跡。

起初，百度的規模並不大，主要事業是提供現有搜尋網站搜尋引擎。十名員工在一個小小的辦公室專注於系統開發。到了 2001 年，有將近 80% 的入口網站都在使用百度的搜尋技術，因此李彥宏決定建立自家平台，並說服了投資人。百度的時代就此開啟，並不斷成長。2010 年 Google 撤離中國時，百度也成了巨大受益者。

李彥宏是一個重視技術、具有高度領導能力的經營者，並且有很強的追求創新的傾向。他早年就在美國累積了各種經驗，對全球市場瞭若指掌，而這也是李彥宏具備的優勢之一。李彥宏致力於網羅最優秀的人才，也非常熱衷於探求知識。

李彥宏年輕又聰明。因此，有別於重視規矩的一般中國企業，百度擁有上下班時間和服裝等都很自由的企業文化。他總會告訴夢想成功的年輕人「將所有的力量施於一點，才能超越人。」

軟銀

9984.JP

軟銀	
成立年度	1981
上市日期	1994／7／22
主要股東	孫正義　21.01%
CEO	孫正義
網頁	softbank.com

Key Data	
上市股票	日本
總市值（十億日圓）	12,718.1
PER（2019E）	10.5
52 週最高／最低	12,090／6,803
當前股價（日圓）	11,555

* 基準日：2019／4／26

主要營業結構	
日本通訊	35%

* 備註：2018 年底

1. 再次成為全球代表性科技控股集團

　　軟銀集團是一家透過多家子公司，在通訊和網際網路領域經營各種事業的日本代表性第四產業控股公司。起初，軟銀以軟體和 IT 相關書籍流通起家。1996 年，其與雅虎創立了雅虎日本，同時建立了事業基礎。2000 年之後，軟銀進行了多次併購，致力於在日本、美國發展通訊服務事業。

　　日本通訊事業、美國通訊事業（Sprint）和雅虎日本的營收占軟銀總營收的 83%。2016 年，軟銀收購了英國的代表性半導體企業安謀控股，並於 2017 年推出了全球最大的 IT 投資基金「願景基金」，在新一代創新技術領域發掘發展潛力企業，並積極對這些企業進行投資。軟銀目前正在籌劃推出第二、第三個願景基金，目標是成為全球代表性的科技控股集團。

2. 全球最大科技投資基金「願景基金」

　　軟銀之所以會是第四產業代表企業，是因為軟銀會在各種成長性高的創新技術領域發掘領先企業，並積極進行投資。2017 年五月，為了積極投資人工智慧、機器人、雲端等創新技術和新的潛力技術，軟銀與沙烏地阿拉伯的主權財富基金共同發起了規模高達 930 億美元的「願景基金」。雖然願景基金的主要投資對象預定為「擁有明確願景想引領創新技術的新創企業或新的潛力企業」，但

只要有大規模的策略性投資需求，就算是大企業，也有機會成為投資對象。

　　沙烏地阿拉伯主權基金（450 億美元）和願景基金的其他主要投資者包含阿拉伯聯合大公國的投資企業 Mubadala（150 億美元）、蘋果（10 億美元）、高通、鴻海、夏普等。軟銀願景基金籌措到的投資總額為 977 億美元。其中，軟銀的總投資額為 325 億美元，這裡包含軟銀首次推出基金時投入的 280 億美元，和之後追加投入的 45 億美元。

願景基金的投資資金結構

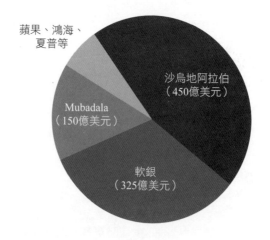

資料：軟銀、Mubadala、《華爾街日報》

　　願景基金自啟動以來，就投資了數家創新技術企業。願景基金的主要投資對象包含安謀控股、輝達、WeWork、Flipkart、OneWeb 等企業。軟銀計劃投入願景基金的投資額中，有 82 億美元為軟銀以實物投資方式投入的安謀控股股權。繼安謀控股之後，輝達也獲得了大筆的資金。這是因為輝達在 AI 晶片市場處於領先地位，而且有望在未來具備高度發度潛力的關係。而 WeWork 是一家將大樓租賃給許多家公司，讓多家公司共享工作場所的不動產企業。OneWeb 則是一家位於美國佛羅里達的新創企業，該公司會透過衛星提供網際網路服務。

願景基金投資的主要企業

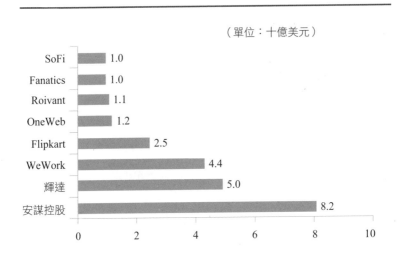

（單位：十億美元）

SoFi	1.0
Fanatics	1.0
Roivant	1.1
OneWeb	1.2
Flipkart	2.5
WeWork	4.4
輝達	5.0
安謀控股	8.2

* 備註：以投資 10 億美元以上的企業為基準
資料：Recode Daily

3. 事業結構及營收前景

軟銀集團的主要子公司為軟銀公司（日本通訊）、Sprint（美國通訊）、雅虎日本、安謀控股。日本通訊事業子公司軟銀公司（Softbank corp.）的營收比例雖然只占 35%，但營業利益比例高達 65%。軟銀公司是日本的第三大電信公司，其事業包含提供行動通訊服務、銷售手機、提供寬頻服務。2013 年，軟銀透過收購 Sprint 打入了美國通訊市場。雅虎日本是一家提供網路廣告、電子商務及會員制服務的網際網路企業，其營收占整體營收的 9%。

日本通訊事業是軟銀的金牛（cash cow），正在創造穩定的利潤，並維持穩固的現金流。關於軟銀的日本通訊事業，值得注意的是，軟銀公司已經在 2018 年 12 月 19 日在東京證券交易所上市，上市規模約為 2.4 兆日圓。上市後，軟銀集團持有軟銀公司約 66.5% 的股份。軟銀有望將上市籌措到的資金的相當部分用於投資創新技術企業，全面展開目標成為全球最大技術集團的策略。

軟銀集團的代表子公司美國和日本的電信公司所屬的市場為低增長市場。因此，雖然軟銀的整體營收未呈現高增長態勢，但仍保持著穩定的走勢。軟銀最近一季度，即 FY2018 第二季度（CY2018 7 ～ 9 月）的總營收為 2.4 兆日圓，同比增長了 7%。市場預測，軟銀 FY 2018（CY 2019 3 月結算）的總營收有望同比增長 5%。

事業領域別營收比例

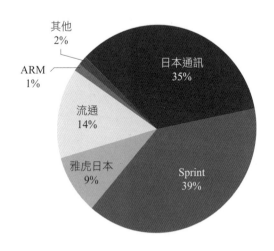

資料：軟銀、韓亞金融投資

事業領域別營業利益比例

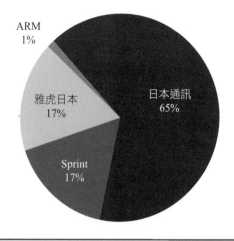

資料：軟銀、韓亞金融投資

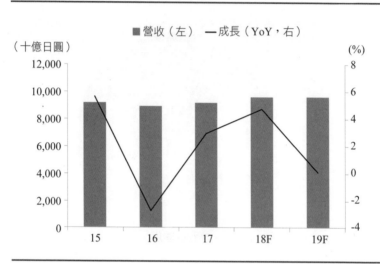

軟銀集團年度營收 & 成長前景

* 備註：會計年度（3 月結算）基準
資料：Capital IQ 市場預估值、韓亞金融投資

4. 願景基金的高度貢獻

　　由於願景基金對營業利益做出了高度的貢獻，軟銀實現了超出市場期待的未預期盈餘。FY2018 第二季度，軟銀的整體營業利益達 7,057 億日圓，同比增長了 78%，而這是因為願景基金貢獻了營業利益 3,925 億日圓（＋385%，YoY）的關係。

　　願景基金的營業利益貢獻，證實了軟銀成功實施了計畫積極投資創新技術企業、成為科技控股集團的策略。

軟銀的營業利益 & 成長變化

（單位：百萬日圓、%）

	1Q17	2Q17	3Q17	4Q17	1Q18	2Q18
營業利益 （願景基金除外）	374,044	314,557	223,801	88,418	475,049	313,233
YoY 成長	17	−4	−21	−9	27	0
願景基金的 營業利益	105,229	81,009	50,189	66,554	239,944	392,490
整體營業利益	479,273	395,566	273,990	154,972	714,993	705,723
YoY 成長	50	21	−3	60	49	78

* 備註：會計年度（3 月結算）基準
資料：軟銀、韓亞金融投資

願景基金：營業利益季度別變化

（單位：百萬日圓）

	1Q17	2Q17	3Q17	4Q17	1Q18	2Q18
已實現投資利益						146,682
未實現評價利益	106,871	87,465	56,772	94,867	245,802	257,557
利息 & 股利收益			3,744	2,376	1,409	1,198
營業費用	−1,642	−6,456	−10,327	−30,689	−7,267	−9,656
營業利益	105,229	81,009	50,189	66,554	239,944	392,490

* 備註：會計年度（3 月結算）基準
資料：軟銀、韓亞金融投資

　　願景基金將印度的電商巨頭企業 Flipkart 20% 的股權出售給沃爾瑪，實現了 60% 的投資報酬率。通過 Flipkart 的股權出售，願景基金賺得了約 13 億美元的利潤。此外，與願景基金投資的輝達、WeWork、OYO 等企業相關聯的投資評價利益也同樣大幅增加。雖

然 Uber、Grab 等企業目前單由軟銀投資，但預計未來會納入願景基金，而這些企業的投資價值也保持著上升趨勢。

願景基金有望持續做出利潤貢獻。因為願景基金投資的創新技術企業大部分都是各領域的龍頭企業，有望在未來引領高增長。此外，軟銀會創立願景基金，並非單純為了謀取投資利益。其目標為與願景基金旗下的創新技術企業們建立合作夥伴關係、創造綜效。

軟銀的願景基金投資的企業

資料：韓亞金融投資

5. 長期股價前景

軟銀透過願景基金證明了其作為跨國科技控股企業具有巨大的潛力。這也是帶動軟銀近期股價上漲的重要因素。軟銀的願景基

金已對營業利益做出了貢獻，且遠快於市場預期。這證明了以孫正義帶領的軟銀具有卓越的能力發掘、投資各種創新技術領域的代表性潛力企業，並且達到獲利。

軟銀計劃未來推出第二、第三支願景基金。令人鼓舞的是，軟銀不僅會透過願景基金獲取投資利益，其還有望與願景基金旗下的各個技術領域的企業們合作、創造綜效。

軟銀的美國通訊子公司 Sprint 和 T-Mobile 的合併案是否能獲批准，是影響軟銀今後的股價走勢的關鍵因素之一。美國的第三大電信公司 T-Mobile 的母公司德國電信和軟銀已決定合併 Sprint 和 T-Mobile。這是為了因應美國通訊事業從 2019 年開始全面進入 5G 時代，對網路的投資需求暴增而做出的決定。其目的在於透過合併改善競爭力並創造綜效。軟銀計劃在合併後持有合併企業 27% 的股份。如果成功合併，過去對軟銀來說是個負擔的付息負債預計會減少 26%、利息支出預計會減少 50%。

軟銀的股價目前為 2019E PER 10 倍。由於願景基金比預期更快做出利益貢獻，軟銀的估值吸引力因而提升。從長期來看，全方位投資跨國創新技術企業實現的業績貢獻度有望變得更高。此外，Sprint 和 T-Mobile 獲准合併的可能性正在增加，而這是個好現象，如果兩家企業的合併案獲准，估計會為軟銀的股價帶來強大的上漲動能。

近幾年的股價變動

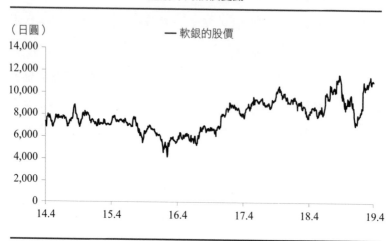

6. 創始人介紹：孫正義

　　在日韓國人第三代孫正義會長 16 歲時移居美國，並在加利福尼亞大學主修了經濟學和電腦科學。畢業後，孫正義回到日本，並抱著個人電腦將會普及的信念，於 1981 年創立了軟體流通公司「軟銀」。孫正義積極的事業經營方式使軟銀在創立後短短四年內，就占據了日本軟體市場 60% 的份額。

　　在孫正義卓越的產業長期趨勢分析能力和果斷的決策能力下，軟銀實施了各種進攻型的事業策略，並快速拓展事業領域、擴大了企業規模。另外，孫正義又特別具有發掘潛力企業的慧眼，決定是否進行投資的速度也總是比別人快。具備這些優勢的孫正義收

購了數家關鍵企業，例如雅虎日本、Sprint、安謀控股等，在 IT 和通訊產業擴大了軟銀的規模、鞏固了軟銀的競爭力。

　　對於人生和企業經營理念，孫正義重視五個要素：要有志向與高瞻遠矚、不要對過去念念不忘、重視願景和熱情、人脈即競爭力、準備事業策略時要遠眺至少十年後的未來。

　　孫正義的目標是讓軟銀發展成全球最大的技術控股企業，因此目前正致力於發掘、投資各種創新技術領域的潛力企業，他投資時最重視的科技題材是人工智慧。他認為人工智慧將會是引領未來技術的核心技術，所以投資人工智慧技術企業就是投資未來。

附錄

TOP30 非關注不可的第四產業第一名潛力股

	企業名稱	國家	產業	市值 （美元）	企業介紹
1	Uber	美國 （紐約）	車輛共享服務	689 億美元	- 全球代表性車輛共享服務企業。 - 在全球 785 個大城市經營汽車共享、餐飲外送、腳踏車、機車共享等事業。
2	PayPal	美國 （那斯達克）	數位支付	1,434 億美元	- 全球代表性數位支付處理商。 - 線上支付和行動支付正在快速成長的全球支付趨勢下的代表收益企業。 - 活躍用戶帳號數達 2.5 億。
3	Adobe	美國 （那斯達克）	內容製作＆行銷軟體	1,847 億美元	- 透過雲端提供照片、影片內容製作工具的軟體企業。 - 數位行銷服務事業擴大而從中受益的代表企業。
4	VISA	美國 （紐約）	電子支付服務	4,357 億美元	- 全球第一電子支付服務供應商。從長期來看，是現金使用比例下降、電子支付比例持續增加的趨勢下的代表受益企業。 - 行動支付比例增加、P2P 轉帳事業擴大、店面使用非接觸式卡片的速度加快等，有許多從長期來看會促使企業成長的積極因素。
5	西門子	德國 （法蘭克福）	智慧工廠	907 億美元	- 全球最大的智慧工廠設備／軟體供應商，也是最大的醫學影像設備供應商。 - 以「MindSphere」應用程式站在最前線進行工業物聯網（IIoT）商用化。

	企業名稱	國家	產業	市值（美元）	企業介紹
6	Biogen	美國（那斯達克）	生物科技	587億美元	- 在阿茲海默症、多發性硬化症等中樞神經系統（CNS）疾病的藥劑領域，市占率全球第一的企業。 - 醫學界對中樞神經系統疾病的了解程度尚不高，因此新藥開發速度緩慢。若專攻該領域，未來將具有高度的競爭力。
7	三星電子	韓國（KOSPI）	IT 硬體	3,372億美元	- 全球最大的綜合半導體企業。 - 隨著第四次工業革命必不可少的計算（computing）得到發展，半導體的重要度有望上升。 - 5G 事業（數據機芯片、通信設備）的發展計畫前景也很樂觀。
8	Kakao	韓國（KOSPI）	網際網路	130億美元	- 基於韓國最大的通信軟體平台「KakaoTalk」提供遊戲、廣告、行動等各種服務。 - 有望透過大數據和人工智慧，提供差異化的共享經濟模式和 Kakao Pay 等金融服務。
9	Naver	韓國（KOSPI）	網際網路	262億美元	- 以韓國最大的網路及行動平台「NAVER」、「LINE」為首，提供各種服務。 - 擁有透過簡易支付、廣告、搜尋等累積的大數據。此外，持續在對第四產業相關機器人等進行各項投資。

	企業名稱	國家	產業	市值（美元）	企業介紹
10	LG Display	韓國（KOSPI）	IT	47 億美元	- 全球最大的顯示器面板企業。 - 隨著 5G 市場成長，電漿顯示器及家用與商用顯示器市場也隨之成長。LG Display 有望從中受益。 - 隨著自駕車市場成長，電漿OLED 面板的營收有望增長。
11	施耐德電機	法國（巴黎）	電力設備	610 億美元	- 全球智慧建築及能源管理領域的領頭羊企業。 - 資料中心用 UPS 整合解決方案、工程領域的領先企業。 - 5G 商用化後，物聯網將被廣泛使用，電力使用量及對有效管理能源的需求將隨之增加。施耐德電機有望從中受益。
12	Waste Management	美國（那斯達克）	生物科技能源	536 億美元	- 北美最大的住宅、商業、工業廢棄物管理服務供應商。 - 目前在美國持有、營運 5 個大型掩埋場、102 個資源回收物辨識設施、314 個生質能源發電設施。
13	Illumina	美國（那斯達克）	醫療設備與服務	441 億美元	- 全球基因分析市場中的第一大企業。銷售分析基因時需要的設備、耗材、軟體。 - 新開發的 NovaSeq 將分析整個人類基因組所需的費用降低到了 100 美元以下，今後有望創造出更多的需求。

	企業名稱	國家	產業	市值（美元）	企業介紹
14	直覺手術（Intuitive Surgical）	美國（那斯達克）	醫療設備／服務	701億美元	- 推出了首台商用化的手術機器人達文西外科手術系統（da Vinci Surgical System）。在手術用機器人市場為占有率高達 80% 的龍頭企業。 - 隨著手術領域從泌尿科、婦產科擴展到一般外科，其今後的市占率有望持續擴大。
15	DeepMind（Alphabet 子公司）	美國	人工智慧	未上市	- 2010 年創立的英國人工智慧技術企業，現為 Alphabet 的子公司。 - 神經網路開發企業。也是人工智慧、機械學習等技術開發領域的龍頭企業。
16	Roper Technologies	美國（紐約）	綜合企業	405億美元	- 美國材料產業、醫學影像設備及軟體的龍頭企業。 - 無線射頻辨識（RFID）技術的全球領頭羊企業。
17	安川電機	日本（東京）	工業機器人	90億美元	- 全球第二大的工業用機器人企業。 - 在運動控制、機器人工程學、系統工程及相關零件應用方面，擁有全球最頂尖的技術。
18	快遞英雄（Delivery Hero）	德國（法蘭克福）	運輸	167億美元	- 全球線上訂餐及送餐服務。 - 在歐洲、中東、非洲、亞洲、美洲等地區的 40 個國家營運。

	企業名稱	國家	產業	市值 （美元）	企業介紹
19	Booking Holdings	美國 （那斯達克）	線上預約服務	827 億美元	- 全球最大的線上旅遊預約服務企業。 - 擁有 Booking.com、Priceline、KAYAK、Agoda、HotelsCombined 等多個代表性的線上預約服務平台。
20	Expedia	美國 （那斯達克）	線上旅遊服務付款	170 億美元	- 全球線上旅遊服務支付網站。 - Expedia.com、HomeAway 等住宿、航空優惠預約。 - 全球旅遊需求增加而從中受益。
21	京東（JD）	中國 （那斯達克）	電子商務、智慧物流	620 億美元	- 中國第二大電子商務、物流服務企業。引領智慧物流市場。 - 營運全球第一個 100% 由 AGV（Automated Guided Vehicle）、機械手臂、無人堆高機等十多種機器人負責運作的無人倉庫。
22	科大訊飛 （iFLYTEK）	中國 （深圳）	人工智慧	124 億美元	- AI 語音辨識技術的龍頭企業。 - 在中國語音辨識技術市場占 70% 的份額，目前被用於同步口譯、醫療、教育、家電、汽車等各個產業領域。
23	四維圖新 （NavInfo）	中國 （深圳）	自動駕駛	43 億美元	- 中國第一大導航電子地圖製作公司。 - 為智慧設備、自駕車提供電子地圖及即時交通資訊服務。 - 目前正在大規模投資與自動駕駛相關聯的精密地圖事業。

	企業名稱	國家	產業	市值（美元）	企業介紹
24	平安好醫生（Pingan Health）	中國（香港）	醫療	120億美元	- 中國最大的線上醫療平台，提供基於人工智慧的醫療諮詢、藥品配送、掛號服務。 - 計劃在 2021 年之前，在中國各地建立數十萬家活用大數據和人工智慧技術的無人診所。
25	大疆創新（DJI）	中國	無人機	未上市	- 全球最大的無人機製造商。民用無人機營收占 80%。 - 中國無人機企業正以 DJI 為首，引領全球無人機市場。中國總產量的 70% 正被出口到海外。 - 在全球高價位無人機市場（1,000～1,999 美元），DJI 的市占率高達 87%，擁有頂尖的技術。
26	優必選科技（UBtech）	中國	高科技製造	未上市	- 2012 年在中國深圳成立的機器人研發、製造公司。 - 製造 B2B 機器人 Cruzr、教育機器人、玩具機器人等機器人。 - 搭載自主開發的作業系統 ROSA 和雲端系統。有望基於核心技術，持續改善、拓展機器人的性能。
27	Face++	中國	人工智慧	未上市	- 支付寶的臉部辨識支付、滴滴的駕駛人身份確認系統等技術的供應商。 - 主客戶群為政府的智慧安全事業的營收比例最大，達 44%，未來有望超過 50%。

	企業名稱	國家	產業	市值（美元）	企業介紹
28	商湯科技（Sense time）	中國	人工智慧	未上市	- 研發臉部辨識、電腦視覺、Deep Learning 等技術的獨角獸企業。 - 2014 年成立。從軟銀、阿里巴巴獲得了全球 AI 新創企業中規模最大的投資。 - 除了臉部辨識軟體外，也在開發自動駕駛、擴增實境相關軟體。
29	寒武紀科技（Cambricon）	中國	人工智慧	未上市	- 中國人工智慧半導體獨角獸企業。目前正在開發深度學習神經網路處理器（NPU）等。 - 成功實現了智慧終端機、雲端用 AI 芯片等深度學習專用芯片的商用化。 - 目標為在 2020 年之前，占據中國高性能智慧芯片市場的30%。
30	數夢工場（DTdream）	中國	雲端	未上市	- 研發並提供雲端及大數據技術。 - 目前在中國互聯網+政策下，與浙江、江蘇、河南等地方政府合作，進行智慧城市建設計畫。 - 目前還有與國家電網公司、上海福斯汽車、吉利汽車等企業在雲端、大數據技術方面合作。

* 備註：實際市值會有所變動，請以各企業與交易所公布之數值為主。

資料：韓亞金融投資

高寶書版集團
gobooks.com.tw

RI 340

投資第四產業最有成長力股票：
5G、AI、物聯網，了解未來趨勢，抓住全新致富機會！
4 차 산업 1 등주에 투자하라 : 앞으로 10 년을 지배하는 해외 주식투자의 메가트렌드

作　　　者　趙容儁（조용준）
譯　　　者　金學民
責任編輯　林子鈺
封面設計　林政嘉
內頁排版　賴姵均
企　　　劃　何嘉雯

發 行 人　朱凱蕾
出　　　版　英屬維京群島商高寶國際有限公司台灣分公司
　　　　　　Global Group Holdings, Ltd.
地　　　址　台北市內湖區洲子街 88 號 3 樓
網　　　址　gobooks.com.tw
電　　　話　（02）27992788
電　　　郵　readers@gobooks.com.tw（讀者服務部）
　　　　　　pr@gobooks.com.tw（公關諮詢部）
傳　　　真　出版部（02）27990909　行銷部（02）27993088
郵政劃撥　19394552
戶　　　名　英屬維京群島商高寶國際有限公司台灣分公司
發　　　行　英屬維京群島商高寶國際有限公司台灣分公司
初版日期　2020 年 3 月

國家圖書館出版品預行編目（CIP）資料

投資第四產業最有成長力股票：5G、AI、物聯網，了
解未來趨勢，抓住全新致富機會！/ 趙容儁著；金學
民譯 . -- 初版 .
　-- 臺北市：高寶國際出版：高寶國際發行，2020.03
　　面；　　公分 .--（致富館；RI 340）

ISBN 978-986-361-772-3（平裝）

1. 投資　2. 網路資源　3. 電腦資訊業

563.5　　　　　　　　　　　　　　　109000504